CLV

Andreas Fett

Ja, Vater

Auch wenn ich dich nicht verstehe – ich vertraue dir!

Ein persönlicher Erlebnisbericht in 32 E-Mail-Benachrichtigungen

Christliche
Literatur-Verbreitung e.V.
Postfach 11 01 35 · 33661 Bielefeld

Wenn nicht anders vermerkt, stammen Gedichtzitate in diesem Buch vom Autor oder der Urheber war nicht ausfindig zu machen. Sollten, trotz gewissenhafter Nachforschung, Urheberrechte verletzt worden sein, bittet der Verlag um Benachrichtigung.

1. Auflage 2009

Postfach 11 01 35 · 33661 Bielefeld
Internet: www.clv.de
Satz & Umschlag: typtop, A. Fett, Meinerzhagen
Umschlagfoto: Marcus Hanisch, photocase.com
Druck & Bindung: GGP Media GmbH, Pößneck

ISBN 978-3-89397-692-8

Inhalt:

Warum dieses Buch?

Das Leben ist oft hart – unerbittlich hart. Wir alle kennen schwere Zeiten, durchleben persönliche Schicksalsschläge, unbegreifliche Lebenssituationen, Krankheiten, Krisen, Katastrophen.

Uns traf es im Winter 2004. Wir freuten uns als Familie auf ein paar ruhige Tage. Nach einem anstrengenden Jahr in unserem turbulenten Freizeitheim kehrte allmählich Ruhe ein – endlich die ›selige Weihnachtszeit‹. Wir beschlossen, zu Hause zu bleiben – den Rückzug ins Private zu genießen. Nach letzten Einkäufen und einsetzendem Frost verbarrikadierten wir uns in unserer Wohnung. Mit unseren Kindern wollten wir es uns so richtig gemütlich machen.

Doch in der Nacht brach unerwartetes Unglück über uns herein. Für meine Frau begann ein Kampf auf Leben und Tod, der uns zehn Wochen in Atem hielt. Doch trotz allem möchten wir diese Zeit nicht missen.

»Was ich euch sagte in der Finsternis,
das redet im Licht.« Matthäus 10,27

Weil Gott in diesen dunklen Stunden zu uns geredet hat, möchten wir es nun an helleren Tagen zu seiner Ehre weitergeben – damit die, die im Dunkeln sitzen, Hoffnung schöpfen können.

Warum lässt Gott schreckliche Dinge geschehen? Wozu gibt es Leid und Not? Entscheidet Gott darüber? Hat Leid eine Bestimmung, einen tieferen Sinn? Sehen Sie einen Sinn in Leid?

Leid ist eine *Grenzerfahrung*: Wir stoßen an unsere Grenzen – Grenzen der Belastbarkeit, der Verletzbarkeit, der Erträglichkeit … Aber mit welcher inneren Einstellung begegnen wir dem Leid?

Es macht einen erheblichen Unterschied, ob man als *Olympia-Ruderer* oder als *Galeeren-Sklave* seinen Körper quält. Es macht einen gewaltigen Unterschied, ob man im *Kreißsaal* oder bei einem *Überfall* Blut verliert. Es ist von größter Bedeutung, ob man leidvollen Erfahrungen einen Sinn abringen kann, oder nicht. Das eine steckt voller *Verheißung*, das andere voller *Verzweiflung*!

»Liebe dein Schicksal,
denn es ist Gottes Gang mit deiner Seele!«

Fjodor Dostojewski

»Wo ein Tropfen Unglück ist,
daselbst ist ein ganzes Meer
von Wohltaten Gottes.«

Martin Luther

»Wer um ein WARUM weiss,
der erträgt fast jedes WIE!«

Friedrich Nietzsche

Wir behaupten nicht, die Antwort auf jedes *WARUM* zu kennen, aber wir behaupten, *GOTT* zu kennen – und *IHN* gerade im Leid kennengelernt zu haben. Wir haben erfahren, dass wir keinem ›blinden Schicksal‹, sondern einem ›sehenden Vater‹ ausgeliefert sind.

»Wer glaubt, ist nie blind für das Elend.
Er sieht alle schrecklichen Fakten.
Aber er sieht mehr:
Er sieht Gott!«

G. Campbell Morgan

Als Kinder hatten wir uns in einer schummrigen Scheune ein ›Detektivbüro‹ eingerichtet. Mit ausrangierten Bürosachen und vergilbten Papieren spielten wir Agenten. Natürlich verschickten wir auch Geheimbotschaften. Dazu halbierten wir eine Zitrone und nutzten ihren Saft als Geheimtinte. Die Nachricht in farbloser Schrift blieb dem Auge völlig unsichtbar. Erst wenn man den Briefbogen über eine Kerzenflamme hielt, wurde die geheime Schrift erkennbar.

Genauso ist es auch mit vielen Verheißungen Gottes. Der flüchtige Betrachter blättert oft achtlos über sie hinweg. Sie bleiben dem natürlichen Auge verborgen. Und doch gibt es dieses ›verheißungsvolle‹ Buch, diesen vielseitigen ›Liebesbrief Gottes‹. Die Bibel steckt voller Verheißungen Gottes an uns.

Alexandre Dumas schildert die vergleichbare Erkenntnis in dem packenden Dialog zweier Gefangener im Kerker. Während des Gesprächs kommt der ›Graf von Monte Christo‹ zu der Einsicht:

»Es bedarf des Unglücks, um gewisse geheimnisvolle, verborgene Minen zu graben. Erst die Gefangenschaft hat meine flatterhaften Fähigkeiten alle auf einen Punkt vereinigt. Sie sind auf engstem Raum gegeneinandergestoßen, und Sie wissen ja, aus dem Anprall der Wolken resultiert die Elektrizität, aus Elektrizität der Blitz, aus dem Blitz das Licht …«

Dann und wann schreibt Gott ›Saures‹ in unser Leben und wir erkennen auf den ersten Blick keinen Sinn darin. Wir sehen nur, was vor Augen ist – fühlen bedeutungslose Leere – empfinden tiefe Sinnlosigkeit oder Angst. Es ist, als ob Gott auf alle unsere Fragen beharrlich schwiege. Doch dann, wenn die Schrift für eine Weile mit der ›Flamme‹ des Leidens in Berührung kommt, treten seine tröstenden Worte zutage. So haben wir es erlebt. Viele Aussagen der Bibel wurden für uns erst im Leid ›sichtbar‹, erfahrbar, kostbar.

Zugegeben: Die folgenden Mails, die wir fast täglich an Freunde und Angehörige schickten, waren für uns eine Bewältigungshilfe. Allein die ›Schilderung‹ ist ein schützender Schild. Bereits die ›Mitteilung‹ bewirkt ein Teilen der Last. Vielleicht bleiben die folgenden Seiten für manchen Leser bedeutungslos. Unsere Hoffnung aber ist, dass Ihnen im Feuer eines Leides, in der Flamme einer Qual ein ganz persönlicher Trost auf Ihre brennenden Fragen darin aufgeht.

Manchen Sturm lässt Gott zu

In Florida wütete ein schwerer Wirbelsturm. Hurrikan Charley zog eine Spur der Verwüstung hinter sich her. In Orlando zerrte er z.B. an einer riesigen Werbetafel. Das bunte Werbeplakat flog in Fetzen davon. Doch dabei wurde eine ältere Plakatierung freigelegt. Eine Botschaft kam zum Vorschein:

»We need to talk – god.«

»Wir müssen miteinander reden – Gott.«

Manch ein Sturm fegt auch über unser Leben hinweg. Und Gott lässt diese Stürme zu, weil er uns etwas zu sagen hat.

Mancher Sturm lässt Gott zu uns reden

In den Stürmen unseres Lebens dringt seine leise Anfrage ins Bewusstsein. Und im Feuer des Leids treten seine Verheißungen zutage. Ja, Gott redet auch durch Krankheiten, Krisen und Katastrophen!

»Gott FLÜSTERT *in unseren Freuden,*
Er SPRICHT *in unserem Gewissen,*
aber er RUFT *in unseren Schmerzen.*
Sie sind seine Megafone,
eine taube Welt aufzuwecken«

C. S. Lewis

Meinerzhagen, im Frühjahr 2009

Ja, mit ewiger Liebe habe ich dich geliebt!

Ein persönlicher Erlebnisbericht in 32 E-Mail-Benachrichtigungen und viel Trost-Post von Freunden

*»Es wird nicht dunkel bleiben
über denen, die in Angst sind.«*

Jesaja 8,23

*»Ich bin überzeugt, dass die Leiden
dieser Zeit nichts bedeuten
gegenüber der Herrlichkeit,
die an uns offenbart werden soll.«*

Römer 8,18

Freitag, 3. März 1997

Trauversprechen

Ich habe längst mein ›Ja‹ gesagt
und Du hast es, wie Ruth, gewagt,*
mir Deine Treue zu versprechen.

Auch ich verspreche Dir vor Gott:
Ich will Dich lieben bis zum Tod,
auch in Entbehrung und Gebrechen.

Von nun an teil'n wir Stück für Stück,
die Alltagssorgen und das Glück.
Sowohl das Schöne, als das Schlimme.

Und was uns anrührt, Dich und mich,
verbinde uns als Bogenstrich,
zieh aus zwei Saiten EINE *Stimme.*

Sind wir für Sein Reich eingespannt
und Instrumente Seiner Hand
werden wir EINS *in Seiner Nähe.*

Wenn Er uns aufeinander stimmt;
in Seine Hand den Bogen nimmt,
ist Harmonie in unsrer Ehe.

---

* Die Bibel, Ruth 1,16-17

Montag, 20. Dezember 2004

№ 1

IHR LIEBEN, wir möchten euch nur darüber in Kenntnis setzen, dass Gabriele am Sonntag, den 4. Advent, ins Krankenhaus musste. Bei ihr trat samstags ein Krampf im linken Unterarm auf, der furchtbare Schmerzen verursachte. Gabi war unglaublich tapfer. Zunächst gingen wir von einem eingeklemmten Nerv aus.

Nachdem ihr ein Bereitschaftsarzt nicht helfen konnte, zogen wir unseren Hausarzt zurate. Er riet wegen der Thrombosegefahr zu einer sofortigen Einweisung ins Krankenhaus Attendorn. Sonntag früh gegen sieben Uhr brachte ich sie zur Notaufnahme, da ihr Arm gefährlich zu schwellen begann.

Nach Infusionen und Abwarten mussten die Ärzte am Sonntagnachmittag in einer 3-stündigen OP den Arm chirurgisch spalten, um für eine Entlastung zu sorgen. Der Arm war jetzt doppelt so dick und es zeigten sich Blutergüsse. Die Finger ihrer Hand waren schon taub und wie gelähmt.

Heute konnte ich wieder zu ihr. Es geht ihr noch nicht gut. Sie hat weiterhin große Schmerzen und liegt unter ständiger Überwachung. Ihr Oberarm ist weiter angeschwollen. Ein zweiter operativer Eingriff wird am Dienstag fällig, da der Entlastungsschnitt nachbehandelt werden muss. Die offene Wunde muss wahrscheinlich tagelang mit Kunsthaut abgedeckt werden, bis sie nach einer erhofften Abschwellung abheilen kann. Es ist abzusehen, dass sich eine mehrwöchige Behandlung anschließt.

Wir als Familie haben großen Trost und Hilfe durch die Unterstützung unserer Geschwister (Familie und Gemeinde). Nur Gabi liegt recht hilflos mit quälendem Schmerz da. Dennoch hat sie großen Frieden und viel Geduld im Herrn. Sie mit ihrem kritischen Arm unter starken Betäubungsmitteln leiden zu sehen, schneidet uns allen ins Herz. Für eure Fürbitte sind wir sehr, sehr dankbar.

»Gepriesen sei der Gott und
Vater unseres Herrn Jesus Christus,
der Vater der Erbarmungen und Gott allen Trostes,
der uns tröstet in all unserer Bedrängnis.«

2. Korinther 1,3-4

Dieser Vers ist für uns kein frommer Spruch, sondern tragende Gewissheit. Wir wünschen euch allen gesegnete Feiertage.

Andreas

Dienstag, 21. Dezember 2004

№ 2

IHR LIEBEN, vor einer Stunde wurde Gabi per Rettungshubschrauber in eine Spezialklinik in Bottrop/Ruhrgebiet verlegt. Das klingt für uns alle sehr bedrohlich, ist aber zur genauen Ursachenermittlung und gezielten Weiterbehandlung nötig.

Der zweite Eingriff heute Vormittag in Attendorn verlief gut. Auch ihr Befinden nach der OP war zufriedenstellend. Dennoch stießen die Attendorner an das Ende ihrer Möglichkeiten und empfahlen eine rasche Verlegung. Es wurde sich für das Knappschafts-Krankenhaus in Bottrop (nicht mal eine halbe Flugstunde) entschieden. Gabriele lässt euch allen ausrichten, dass sie sehr dankbar für die tragenden Gebete der Geschwister ist. Sie erduldet sehr vorbildlich die Unbeweglichkeit in Kabeln und Schläuchen und die nagende Ungewissheit. Das Krankheitsbild ist nicht genau einzuordnen: Wodurch wurde ihr Kompartment-Syndrom (die Stau-Schwellung) ausgelöst? Handelt es sich um einen Automechanismus des Körpers? Könnte das jederzeit wieder auftreten?

Der Abflug des Helikopters war schon eigenartig: Die Maschine musste an der Attendorner Feuerwache starten. Dort beobachteten etwa zehn Feuerwehrmänner das Spektakel und schwadronierten über das, was vorging. Als ich beiläufig erwähnte, dass meine Frau in dem Rettungshubschrauber sei, wurden sie ganz stumm und verlegen. Da konnte ich sehr leicht offensiv werden. Es ergab sich eine sehr eindringliche Gelegenheit, von der Hoffnung Rechenschaft abzulegen, die in uns ist.

Ich fragte die Männer direkt: »Was trägt euch, wenn es mal ernst wird?« Einer sagte: »Ja, ja, wir Deutschen haben schon eine tolle Technik ...« – »Nein, ich meine nicht den Hubschrauber. Ich meine: Wisst ihr, was im Leben und im Tod wirklich trägt und hält? Worauf läuft euer Leben hinaus? Meine Frau und ich haben eine echte Hoffnung. Wir sind in Gottes Hand geborgen. Wer Jesus hat, hat das Leben. Das macht uns ganz ruhig.« Doch die Männer gingen nur wortlos und betreten in die Nacht.

Betet, dass seine ›Sterne‹ im Dunkeln umso deutlicher aufstrahlen. Ich persönlich war heute um ein Vielfaches getroster und emotional gefasster als an den beiden Vortagen. Auch das ist eine Wirkung eurer Gebete. Vielen Dank dafür! So weit der Stand heute Abend.

Gabi und Andreas Fett

HALLO ANDI!

Hab vielen Dank für Deine ausführlichen Mails, die es uns ermöglichten, ebenso ausführlich an Euch, insbesondere Gabi, zu denken und für Euch zu beten.

Von Herzen wünschen wir Euch eine ganz gesegnete und intensive Weihnachtszeit, in der sich Gott wie damals uns Menschen offenbart und wie den Hirten Hoffnung und Trost in Euer banges Warten schenkt.

Besondere Grüße an Talitha, Nathan und Lea. Nimm bitte ganz viele Grüße an Gabi mit; wir haben sie in unser Herz geschlossen und beten, dass ihre Schmerzen nachlassen!

Bis bald, dein Bruder und deine Schwägerin aus Köln.

Mittwoch, 22. Dezember 2004

№3

LIEBE FREUNDE, Gabi ist gestern in Bottrop sicher gelandet, aber schon nach 20 Stunden weiterverlegt worden. Ihr könnt euch sicher denken, wie verwirrend und wenig nachvollziehbar das auf uns alle wirkt.

Ich habe sie heute früh für einige Stunden besucht. Noch bevor ich zu Hause ankam, erhielten wir den Anruf, dass sie in die Unfallklinik Duisburg transportiert worden sei. Ihr Zustand ist weiter sehr kritisch. Ihre Nasensonde und der Katheter können wohl heute Abend entfernt werden. Gott sei Dank. Allerdings quält sie sich noch immer. Der gespaltene Muskel nässt und schmerzt stark. Die Gefäßspezialisten in Bottrop gehen davon aus, dass sie in der Duisburger Spezialabteilung besser aufgehoben ist.

Wir danken Gott für die Erhaltung der Nervenfunktion im Arm und die persönliche Fürsorge der Ärzte. Besonders unser Freund und Hausarzt schiebt telefonischen Hintergrund-Dienst. Er verfolgt den Verlauf mit viel Anteilnahme und unschätzbarer Einflussnahme – wie ihr in den Gebeten! Es grüßen euch in Verbundenheit

Andreas und die drei tapferen Kinder

»Wie der Adler sein Nest aufstört,
über seinen Jungen schwebt, seine Flügel ausbreitet,
sie aufnimmt, sie trägt auf seinen Schwingen;
so leitete ihn der Herr allein!«

5Mo 32,11

Wie lehrt Gott seine Kinder fliegen?
Indem er sie aus Nestern stößt.
Wie lehrt er Sterbensangst besiegen?
Indem er Festgehalt'nes löst.

Auch wir können nur fliegen lernen,
wenn Gott uns in der Ruhe stört.
Muss er uns aus dem Nest entfernen
– hat dann die Liebe aufgehört?

Er wird uns aus den Nestern stoßen
– er tut es machtvoll oder sacht.
Manchmal sind Zwangsmetarmorphosen
den Adlerjungen zugedacht.

Doch stets hat er im Bodenlosen
getragen und ans Ziel gebracht.
Trau nur dem großen Grenzenlosen.
Er hat die unbegrenzte Macht.

Der Fels: vollkommen seine Taten
und alle seine Wege sind gerecht.
Ein Gott der Treue. Ihr Bewahrten,
sagt es dem kommenden Geschlecht.

Donnerstag, 23. Dezember 2004

№4

IHR LIEBEN, bitte werdet nicht müde in eurer Fürbitte! Bevor ihr weiterlest, bringt bitte Gabi vor Gottes Thron der Gnade.

Es ist jetzt 12.00 Uhr nachts. Ich komme gerade aus Duisburg. Noch immer ist sie auf der Intensivstation und wird rundum betreut. In den letzten 5 Tagen war Gabi nie so schwach wie jetzt. Nach der erneuten OP ist sie verständlicherweise sehr entkräftet. Außerdem ist sie von einer körperweiten Blutvergiftung gezeichnet. Sie wird gezielt mit Antibiotika und Schmerzinfusionen behandelt. Daher war sie heute nur sehr begrenzt ansprechbar und redefähig. Als wir miteinander beteten, sank sie schon nach einem Satz in Schlaf.

Da sie auf einer Spezialabteilung mit hohem Infektionsschutz liegt, herrschen allerstrengste Hygiene-Vorschriften (z. B. Mundschutz). Erst nach einer Umkleide-Schleuse kommt man zu den Patienten. Der behandelnde Arzt geht davon aus, dass ihre instabile Lage noch einige Tage andauern wird – günstigstenfalls – Gott weiß es. Von einem Besuch der Kinder bei Mama müssen wir leider absehen.

Wir werden als Rest-Familie ab morgen nach Düsseldorf übersiedeln. Dort verbringen die Kinder und ich die freien Tage bei Gabis Eltern. Von dort ist es nur eine halbe Stunde in die Duisburger Unfall-Klinik.

Deshalb werde ich für einige Tage wohl keine Mails verschicken können. Wahrscheinlich melde ich mich erst nach den Feiertagen zurück?!

Wir machen allerdings die Erfahrung aus Psalm 94:

»Wäre der HERR
mir nicht eine Hilfe gewesen,
so hätte wenig gefehlt, und meine Seele
hätte im Schweigen gelegen.
Wenn ich sagte: Mein Fuß wankt!,
so unterstützte mich deine Gnade, HERR.
Als viele unruhige Gedanken in mir waren,
beglückten deine Tröstungen meine Seele.«

Psalm 94,17-19

Betet bitte dafür, dass Gabi nicht wirr und angstvoll träumt, sondern auch in ihrem Abwehrkampf Gottes Nähe verspürt.

In Dankbarkeit für jeden Gruß und Segen und alle Gebete grüßen:

Gabi und Andreas Fett
mit Lea, Nathan und Talitha

Auf Wellen gehn

Ich WILL nicht mehr;
bring keine Kraft mehr auf.
Vertrauen fällt unsäglich schwer;
lass Schwermut freien Lauf.

Ich KANN nicht mehr.
So viel erhofft – zu viel.
Erwartungen, sie blieben leer.
Das Kartenhaus zerfiel.

Ich MAG nicht mehr.
Enttäuschung Schlag auf Schlag,
denn meine Hilfe kommt ... woher?
Die Schwäche wird zu stark.

Ich WILL nicht mehr
an Sorgen irregehn;
will nicht mehr aufs Gefühlemeer,
sondern auf Jesus sehn.

Ich KANN nicht mehr
zurück ins feige Boot.
Zieh mich zu dir, geliebter Herr!
Näher zu dir, mein Gott.

Ich MAG nicht mehr
auf die Gefahren sehn.
Ich streck mich aus zu dir, mein Herr.
Lass mich auf Wellen gehn!

HALLO ANDREAS,

ich habe gestern auch unsere Geschwister im Westerwald zum Mitbeten animiert. Wir bleiben weiter dran und wünschen euch als Familie trotz der schwierigen Umstände, dass ihr an IHM bleibt und ihn nicht aus den Augen verliert. Unser HERR ist ein »Wunderbarer, Berater, starker Gott, Vater der Ewigkeit und Friedefürst« (Jesaja 9). ER möge Euch raten und stärken.

»Weg hat ER allerwegen …«.

Herzliche Grüße B.-A. S.

LIEBER ANDY,

wir möchten dir einfach sagen, dass wir beten und flehen, dass Gott diese schlimmen Umstände nutzt, um sich an euch zu verherrlichen.

Wir erbitten für euch Hoffnung, Stärke, Trost und Zuversicht.

Ganz liebe Grüße aus Marburg,

E. & G. W.

Freitag, 24. Dezember 2004 – Heiligabend

№5

IHR LIEBEN MITTRAGENDEN. Von meinen Düsseldorfer Schwiegereltern aus kann ich doch Kontakt zu euch halten. Ich hoffe, die E-Mail-Adressen wurden richtig übernommen.

Gabriele ist sehr, sehr schwach. Die Ärzte schildern ihre Lage als bedenklich ernst. Ihr Immunsystem hat den Infektionen kaum noch Abwehrkräfte entgegenzusetzen. Jede kleine Bewegung und Berührung tut ihr weh. Dieses Schmerz-Dauerfeuer seit nunmehr einer Woche hat sie mürbe gemacht. Sie lässt den Mut sinken, will am liebsten aufgeben und sehnt sich nach dem Ende der Qual. Dennoch redet man von einem 4. Eingriff, um wenigstens die offene Wunde als Infektionsherd auszuschalten. Um ihren Kampf zu erleichtern, wurde ihr Valium gegeben.

Wie Josef von seinen geliebten Angehörigen (1. Mose 43,30) musste ich mich oft von ihrem Bett abwenden, um leise zu weinen. Gleichzeitig betet ihr. Wir sind in der Watte dieser Fürbitte eingebettet. Danke dafür.

Wir sind so privilegiert, dass wir Gottes Vertraute sind, dass wir nicht erst in dieser Not beten lernen, sondern dass wir den Weg zu seinem Herzen in unserem Herrn Jesus schon lange kennen. Er, der allmächtige und souveräne Herr ist unser Fels, unser Vater, unsere sichere Burg.

Er verspricht: *»Ich habe für dich gebeten, dass dein Glaube nicht aufhöre«* (die passende Jahres-Losung für 2005). Tut bitte das Gleiche für uns – das stärkt.

Auch wenn viel dagegen spricht, wir haben die Hoffnung, dass Gott sie durchträgt und Genesung schenkt. Auch wenn wir Gott nicht verstehen, wir möchten ihn durch ein kindlicheres Vertrauen ehren – so, wie es unsere drei Kinder tun.

Was immer unser Vater vorhat, wir vertrauen seiner Liebe, Weisheit und Kraft. Er hält seine mächtige Hand über uns. Er hat unsere Gabi besser unter Kontrolle als jeder EKG-Monitor der Intensivstation. Betet bitte für uns alle: Eltern und Großeltern, Geschwister und alle Angehörigen und natürlich für Lea, Nathan, Talitha und mich.

Gib Du in unser Bangen, unser Sorgen
Dein heilsam Wort, dass unsre Angst vergeh'
wie Nebelwände früh am Sommermorgen.
Richt' auf die Müde, dass sie wieder steh'
und lenke achtsam ihre Schritte!
Sei auch in unsrer Schwachheit unsre Mitte.

Ihr könnt euch sicher vorstellen, wie konkret und trostreich wir in diesen Weihnachts-Tagen begreifen, dass Gott uns in seinem geliebten Sohn Jesus mitten in unserem Elend besucht hat.

Es grüßen alle aus dem Hause Kleine
mit Andreas Fett und den Kindern!

ANDREAS, MEIN GELIEBTER BRUDER,

meine Seele ist erschüttert über Euer Unglück. Der HERR hat Euch allen miteinander eine große Last auferlegt - unbegreiflich für jeden von uns.

Besonders schwer ist es für Eure Kinder und Dich, Gabi so leiden zu sehen und gar nicht helfen zu können.

Tragen wir sie weiter vor den Thron Gottes, - dem Allbarmherzigen, dem, der es gewagt hat, MENSCH zu werden, um uns ganz nahe zu sein. Dem, der auch mit körperlichen Leiden vertraut ist wie kein anderer - der einsam in einem Stall auf Stroh das Leben begann - der einsam am Kreuz SEIN Leben verschenkte mit dem schmerzhaften Jubel »Es ist vollbracht«.

Ich bete, dass der HERR auch über Euch, - besonders über Gabi ruft: »Es ist vollbracht« - »das Ziel ist erreicht«, wie immer der HERR entscheidet, - gesund zurückgeschenkt oder zu sich nach Hause gerufen.

Bei Euch wird nicht die sonstige ›Weihnachtsfreude‹ auftreten, - ich bete, dass Jesus Euch in dieser schweren Zeit mehr von der Freude schenkt, die Du in Psalm 94 erlebt hast. Mit diesem Wort aus 1. Korinther 10,13 grüße ich Euch mit betendem und segnendem Herzen.

»Der HERR ist treu, er wird der Prüfung ein Ende bereiten, dass Ihr sie ertragen könnt.«

Mit viel Liebe und Anteilnahme grüßt euch alle R. H.

LIEBER ANDREAS,

wir haben gerade mit meinen Eltern zusammen für Euch gebetet; ich wünsche dir so sehr, dass dieser Albtraum bald vorüber ist; dass du nächstes

Jahr zusammen mit deiner Familie Weihnachten feierst – ihr packt Geschenke aus – Gabi sieht dich an: »Weißt du noch damals, vor einem Jahr …« Wie wird es erst einmal sein, wenn wir unseren Herrn und Erlöser von Angesicht zu Angesicht sehen; wenn wir gemeinsam auf unser Leben zurückblicken werden.

Schreckliche und unsere Kraft übersteigende Situationen werden vor unseren Augen Revue passieren – »Weißt du noch damals … als du nicht aus noch ein wusstest, als du so sehr verzweifelt warst – und doch hatte ich alles in meiner Hand.«

Zweifle bitte nicht daran, dass Gott gut ist. S. & K. W.

LIEBER ANDREAS,

es ist Heiligabend. Wir denken an euch und sind in großer Unruhe. Bitte schreib uns bald, wie es Gabi geht. Selbst beim Beten bin ich ganz nervös, lieber Andreas, liebe Gabi …
D. & T. E.

Samstag, 25. Dezember 2004 von einem Freund versendet:

Wir konnten heute nur kurz mit Andi sprechen. Die Lage ist unverändert. Gabi braucht weiter unsere Gebete. Auch Andi und die Familie. Wir treffen uns am Thron der Gnade, Hebr 4,16: »Lasst uns nun mit Freimütigkeit hinzutreten zu dem Thron der Gnade, damit wir Barmherzigkeit empfangen und Gnade finden zur rechtzeitigen Hilfe.«

Sonntag, 26. Dezember 2004 von einem Freund versendet:

Ich möchte kurz berichten.
Gabis Körper beginnt zu reagieren. Eine Verringerung der Entzündungswerte und eine beginnende Abwehrreaktion sind zunächst gute Nachrichten. Andi ist durch ein Wort aus Jeremia 31 getröstet. Andi und Gabi konnten gemeinsam beten. Gabi hat Angst vor einer neuen Operation, die morgen ansteht. Liebe Grüße von einem denkwürdigen 2. Weihnachtsfeiertag.

per Brief vom 26.12.2004

MEINE LIEBE GABI!

»Denn es gibt Lohn für deine Mühe …
und Hoffnung ist da für deine Zukunft.«

Jeremia 31,17

Ich denke oft an deine Bemerkung, es sei deine größte Sorge, Gott in der Not zu verunehren, und ich bete um die Gnade, trotz allem dich immer wieder zum Vertrauen durchringen zu können, damit du am Ende umso stärker aus dieser Situation hervorgehen kannst. Irgendwie glaube ich fest daran, dass durch dieses schwere Leid ein Segen für viele ausgehen wird. Ein junger Ehemann z.B. scheint tatsächlich vorzuhaben, die Sache mit Gott zu überprüfen. Er hat aufgrund deiner Krankheit damit begonnen, in der Bibel zu lesen.

Wir erleben momentan eine sehr tiefe Gemeinschaft in der Gemeinde, die nicht nur ein Strohfeuer ist.

C. N.

Sonntag, 26. Dezember 2004

№6

IHR LIEBEN, die letzte E-Mail verschickten wir am 24. Dezember. Zwei sehr bewegte Tage liegen hinter uns.

»Denn sie war dem Tod nahe;
aber Gott hat sich über sie erbarmt,
nicht aber nur über sie, sondern auch über uns.«

nach Philipper 2,27

Die diensthabenden Ärzte der Intensivstation machten uns auf alles gefasst. Mit einem Schulterzucken räumten sie ein, dass Gabis Werte völlig aus dem Ruder liefen. Ihr Zustand entwickelte sich äußerst bedenklich. Der Entzündungswert ihres Blutes kletterte auf 3000 (statt 80). Sie konnte die Augen nicht mehr offen halten, ihr Atem ging flach und stoßweise. Ihr ganzer Ausdruck war schmerzzerbissen.

Eine Schwester zupfte an meinem Ärmel und sagte: »Wenn das meine Frau wäre, würde ich mir große Sorgen machen. Wir wissen nicht, ob sie das überlebt. Machen Sie Druck, dass etwas geschieht. Glauben Sie, dass sie hier wirklich am richtigen Platz ist? Wir sind Spezialisten für Schwerbrandverletzte, aber keine internistische Station.«

Was sollte ich da tun? Gabi selbst flüsterte mehrmals: »Andreas, ich schaffe es nicht.« – »Ich kann nicht mehr!« – »Ich fühle es, das überstehe ich nicht.«

Mitten in diese Not gab Gott mir ein starkes Trostwort aus Gabis Lieblingskapitel im Johannesevangelium: *»Ich bitte nicht, dass du sie aus der Welt wegnimmst, sondern dass du sie bewahrst vor dem Bösen«* (Johannes 17,15). Durfte ich das auf mich beziehen? War diese Bitte auch sein Wille für unsere konkrete Situation?

Ein Arzt meinte: »Fahren Sie nach Hause zu Ihrer Familie. Sie haben doch drei Kinder. Wir rufen Sie an, wenn ...«

Mit den kapitulierenden Worten ihrer Selbstaufgabe im Ohr fuhr ich ohnmächtig von ihr weg, um mit den Kindern heile Welt – Heiligabend – zu erleben. Wie paradox. Von einer Telefonzelle aus verständigte ich tränenerstickt die Schoppener Geschwister über die Krisis. Ich ahnte: Meine Frau liegt im Sterben. Spontan trafen sich dort drei Dutzend Beter am selben Abend. Unglaublich: Eine Stunde zuvor hatten sich ein Bruder aus dem Raum Koblenz und ein Bruder aus dem Westerwald wie die Weisen aus dem Morgenland ›auf Verdacht‹ auf den Weg gemacht. Sie waren sich sicher: »In Schoppen wird für Gabi gebetet.« Da wollten sie dabei sein. Unabgesprochen stießen sie auf die Minute genau zu den dort versammelten Betern. Sie wollten gerade auf die Knie gehen ... Was für eine Fügung, was für eine Festung, was für eine Unterstützung. Danke euch allen. Wolfgang B., der sich ständig telefonisch erkundigte, erwähnte beiläufig den Text aus seiner Tages-Bibellese (Apostelgeschichte 27,22), wo auch alle Hoffnung auf Rettung schwand. *»Fürchte dich nicht. Sei guten Mutes, denn ich vertraue Gott, alle werden am Leben bleiben ...«*

Gabi riss sich im Überlebenskampf der Nacht Sonden und Schläuche vom Körper und glitt fast aus dem Bett. Verwunderlicherweise schliefen wir in dieser Nacht gut.

Am 1. Weihnachtsmorgen klingelte das Telefon. Der Stationsarzt wollte mich sprechen: »Keine Angst, Herr Fett, ich habe gute Nachricht. Die Werte ihrer Frau werden stabiler.« Dennoch folgte ein verzweifelter Tag. Gabi bekam Fieber, ihr Körper schwoll gefährlich an und ihre Augäpfel wurden ganz gelb. Man verabreichte Blutplasma und Antibiotikum. Ich erkannte sie in ihrer Reaktionsweise und Abgeschlagenheit kaum wieder.

In dieser Zeit besuchte uns Familie Fischer, die eigens nach Düsseldorf kam, um uns zu stärken. Für unsere Kinder waren ihre »5 Freunde« aus Hardenberg eine hochwillkommene Ablenkung. Sie erwiesen sich uns als *»für die Not geborene Freunde«*. Ich pendelte mehrmals täglich zwischen Duisburg und Düsseldorf. Ich danke Gott für keine weiße Weihnacht und ständig freie Bahn!

Beim Lesen der Weihnachtsgeschichte stieß ich an diesem Tag auf die Stelle in Matthäus 2,18. So? Auch damals wurden Tränen vergossen? Ich blätterte nach, was Matthäus da zitiert, und fand die Stelle in Jeremia 31. Da tat sich für mich ein unaussprechlicher Trost auf. Wie für uns persönlich verfasst las ich mit Staunen:

»Ja, mit ewiger Liebe habe ich dich geliebt; darum habe ich dir meine Güte bewahrt. Denn der HERR hat dich erlöst aus der Hand dessen, der stärker war als du ... Mein Volk wird sich an all meinem Guten sättigen, spricht der HERR. So spricht der HERR: Horch! In Rama hört man Totenklage, bitteres Weinen. Rahel beweint ihre Kinder. Sie will sich nicht trösten lassen über ihre Kinder, weil sie nicht mehr da sind. So spricht der HERR: Halte deine Stimme zurück vom Weinen und deine Augen von Tränen! Denn es gibt Lohn für deine Mühe, spricht der HERR: Sie werden aus dem Land des Feindes zurückkehren; und Hoffnung ist da für deine Zukunft, spricht der HERR, und deine Kinder werden in ihr Gebiet zurückkehren. Denn der HERR hat ein Neues geschaffen auf der Erde: Die Frau wird den Mann umgeben!«

Ich danke Gott aus ganzem Herzen für diese rechtzeitige Zusage.

Seit dem 2. Weihnachtstag geht es Gabi etwas besser. Sie hat Mut gefasst und erstmals eine Kleinigkeit gegessen. Halleluja!

Zur Stunde befindet sich Gabi im 4. OP – alles innerhalb einer Woche. Betet, dass sie für eine erneute Vollnarkose nicht zu entkräftet ist und die Nähe Gottes verspürt.

NOT PRÄGT – GOTT TRÄGT.

In Liebe *Andreas mit allen Angehörigen*

LIEBE GABI,

gerade bekam ich zwischen der ganzen Weihnachtspost und den Päckchen einen Anruf, dass es dir sehr schlecht geht. Wir haben eben eine Telefonrunde gestartet. Zu Freunden, die euch kennen – und nach oben.

In Gedanken drück ich dich.

Gott ist treu und dir ganz nah.

D.

Montag, 27. Dezember 2004

№7

Ein Freund versendet die Nachricht:

Gabi hat die OP überstanden. Sie wurde in ein künstliches Koma versetzt, um Kräfte zu sammeln. Andi und die Familie sind aufgewühlt.

Etwas später:

Gabriele geht es wieder schlechter. Es steht weiter auf der Kippe.

Da die Situation sehr kritisch ist, sollten wir in der Intensität unseres Gebets nicht nachlassen. Gabis Hausarzt hat einen Professor ausfindig gemacht, der das Krankheitsbild kennt.

Es war in den bekannt gewordenen Fällen ein Keim, der sich durch eine geringfügige Verletzung der Haut im unteren Gewebe festsetzt, der sich aber dann ausbreitet.

Normalerweise erkennt der Körper den ›Eindringling‹, reagiert mit Rötung und Schwellung und startet seine Abwehrreaktion.

Dies ist bei Gabi nicht geschehen …

Der Keim breitet sich aus und treibt sein Unwesen. Er führt zu Organversagen und hat manche andere negative Auswirkung.

Das Problem ist, dass dieser Keim resistent sein kann gegen die Antibiotika. Dann sollte man die Stelle, von wo er sich ausbreitet, entfernen und so den weiteren Befall des Organismus mit den Bakterien verhindern.

Der Hausarzt möchte das morgen mit den behandelnden Ärzten bereden und hofft, dass sie darauf eingehen und nicht durch unangebrachte Eitelkeit diese Möglichkeit von vorneherein ausschließen.

»Für den Herrn gibt es kein Hindernis, durch viele zu retten oder durch wenige!«

1. Samuel 14,6

Montag, 27. Dezember 2004

№8

IHR LIEBEN. Ich hoffe, die Mitteilungen und Aufforderung zur Gebetsunterstützung strapazieren euch nicht. Heute wurde Gabi zum 4. Mal am Arm operiert. Nach dem Eingriff entschlossen sich die Ärzte, sie in einem narkoseähnlichen Zustand (künstlichen Koma) zu belassen. Das bedeutet: Sie wird per Tubus beatmet, über eine Magensonde ernährt und mittels eines zweiten Monitors noch enger überwacht. Wir sind darüber einigermaßen erschrocken.

Laut Auskunft der Mediziner gab es zwar keine OP-Komplikation, aber ihr eigener Atem war bedrohlich flach, die Leberwerte waren besorgniserregend und eine Lungenentzündung zeichnete sich ab. In diesem bewusstlosen Zustand soll Gabi erst einmal einige Tage gehalten werden. Während dieser ›Stilllegung‹ hoffen alle auf eine Regenerierung ihrer Reserven.

Es bedeutet eine immense psychische Beanspruchung, ihr gerade jetzt ganz nah zu sein. Da keine Reaktion erfolgt, braucht es umso mehr Geduld und Glaube. Nach einem Tipp unseres Zivis (Danke, mein lieber Stefan!) sang ich ihr einige Stunden ergreifend passende Lieder ins Unterbewusste: »Gott wird dich tragen« – »Der Herr, mein Hirte, führet mich« – »Befiehl du deine Wege« – »Gott ist gegenwärtig« – »Näher, noch näher« – »Jesus lebt, mit ihm auch ich« – »Von guten Mächten wunderbar geborgen« und viele andere.

Ihr könnt euch denken, dass mit der Unansprechbarkeit und Unberechenbarkeit sich vor uns allen eine große Mutlosigkeit auftun will. Aber wir vertrauen dem Gott, *»der Tote lebendig macht und das Nichtseiende ruft, wie wenn es da wäre«* (Römer 4,4).

Wir können gegen Hoffnung auf Hoffnung glauben. Wir können Gott die Ehre geben, indem wir der vollen Gewissheit sind, dass er, was er verheißen hat, auch tun kann – nicht muss! Sein Wille geschehe.

»Glaube ist der Vogel, der singt,
wenn der Morgen noch dunkel ist!«

Ich muss kleinlaut gestehen: In meinem Glauben bin ich gewiss kein Abraham, aber ganz gewiss ist Gabi eine Tochter Abrahams (vgl. Lukas 13,10ff.), deren sich Jesus erbarmt.

In Liebe *Andreas*

Liebe Gabi, lieber Andi.

Ein Wort lässt mich nicht los:

»Gepriesen sei der Herr!
Tag für Tag trägt er unsere Last! Gott meines Heils!
Gott ist für uns ein Gott rettender Taten!
Der Herr, unser Gott, hat Auswege aus dem Tod!«

Psalm 68,20.21

Jeder Gedanke an euch wird zu einem Flehen in Fürbitte. Er segne euch; ich hab euch lieb!

E. C.

»Nur du, der du allweise bist,
nur du weißt, was mir heilsam ist;
nur du siehst, was mir jedes Leid
für Heil bringt in der Ewigkeit.

Ist alles dunkel um mich her,
die Seele müd und freudenleer,
bist du doch meine Zuversicht,
bist in der Nacht, o Gott, mein Licht.

Wie oft, Herr, zagt ich und wie oft
half deine Hand mir unverhofft!
Den Abend weint ich und darauf
ging mir ein froher Morgen auf.

Oft sah ich keinen Ausgang mehr;
da weint ich laut und klagte sehr:
Ach schaust du, Gott, mein Elend nicht?
Verbirgst du gar dein Angesicht?

Sagt's alle, die Gott je geprüft,
die ihr zu ihm um Hilfe rieft,
sagt's, Fromme, ob er das Gebet,
geduldig Leidender verschmäht?

Die Stunde kommt früh oder spät,
wo Dank und Freud aus Leid entsteht;
vielleicht dass, eh du ausgeweint,
dir Gott mit seiner Hilf erscheint.

Wenn niemand dich erquicken kann,
so schaue deinen Heiland an;
schütt' aus dein Herz in seinen Schoß,
denn seine Huld und Macht ist groß.

Einst hat er auch, der Menschenfreund,
im Tränentale hier geweint;
auf deine Tränen gibt er acht
und dir zu helfen hat er Macht.

Und helfen will er, zweifle nicht!
Er hält getreu, was er verspricht:
»Nicht lassen will ich, Seele, dich;
sei guten Mutes, glaub an mich!«

Johann Caspar Lavater 1741-1801

HALLO ANDI,

wollte einfach nur kurz sagen, dass ich, seit ich von Gabi gehört habe, sehr erschüttert bin – und es mich sehr ins Gebet treibt. Gabi und ihr als Familie geht mir einfach nicht mehr aus dem Kopf und ihr seid ständig in meinen Gebeten.

Ich weiß nicht, ob es angebracht ist, aber wegen Gabis Schmerzen musste ich an ein Buch denken von einer Frau, die auch sehr schmerzgeprüft ist. Sie schreibt:

»Vom ganzen menschlichen Körper besitzt die Hand die meisten Nervenenden. Sie ist der empfindlichste Teil des Körpers. Gott hält uns bei der Hand – dort, wo wir am sensibelsten sind. Dadurch fühlt er jede Not, die wir haben.« (Jane Grayshon)

Eure D. S.

LIEBE FETTS!

Ich bin sehr erschrocken über die Situation bei euch und bete mit um Gnade für euch alle. Weil mich die Lage so betroffen macht, habe ich angefangen, die Mails weiterzuleiten. Unter anderem an ein befreundetes Missionarsehepaar in Papua-Neuguinea. Sie haben mir auf eine Mail Folgendes geantwortet:

»Es ist gerade der 25. am Abend. Wir haben die Mails von Gabi gelesen und beten für sie und Andi. Ein Wort für die beiden: Christus spricht: ›Ich bin das Licht der Welt. Wer mir nachfolgt, der wird nicht wandeln in der Finsternis, sondern wird das Licht des Lebens haben.‹ Johannes 8,12«

In diesem Sinne grüße ich euch ganz herzlich und wünsche euch das Allerbeste. Sag doch bitte auch einen ganz lieben Gruß an Gabi, wenn sie aufnahmefähig ist.

A. H.

Mittwoch, 29. Dezember 2004

№9

LIEBE FREUNDE – IHR TREUEN BETER! Heute gibt es wenig Neues von Gabi zu berichten. Sie liegt seit Montag etwa gleichbleibend im Koma. Ihre Gesamtverfassung ist stabil. Ihre Lunge zeigt noch immer große Schatten, in ihrem Körper sammelt sich viel Flüssigkeit (Ödem) und sie hat ca. 38° Fieber.

Sie wird in täglich steigenden Dosen künstlich ernährt. Insgesamt zählte ich heute zwölf(!) verschiedene Infusions-Präparate. Betet dafür, dass dieses chemische Cocktail gegen den septischen Schock ausrichtet, wozu es verabreicht wird.

Für den Laien ist der Anblick eines Koma-Patienten befremdlich. Aber ich möchte mit Gabi so selbstverständlich wie immer reden.

Ich darf jetzt mit Gitarre zu ihr und kann laut singen, weil sie momentan allein im Zimmer ist. Das ist keine Selbstverständlichkeit. Heute konnte ich fast drei Stunden Lieblingslieder von ihr und mir zupfen, pfeifen und singen. Diese Zeit tut auch meiner Seele sehr gut. Ein Lied sprach mir so sehr aus der Seele:

LIEBER ANDREAS!

Wir freuen uns, dass in deinen Mails kein Fünkchen Hadern oder Vorwurf gegen Gott zu spüren sind.

›Magensonde‹, ›Tubus‹ und die marternde ›Unansprechbarkeit‹ sind wie Bilder aus meiner jüngsten Vergangenheit, wo wir dasselbe erlebt haben.

Wir wünschen dir/euch, und beten dafür, dass euer Vertrauen nicht mit Gabis Vitalwerten schwankt, sondern dass ihr Gottes Frieden beständig erleben dürft, auch wenn es noch so schlimm aussieht. Gewiss, keiner von uns kann es mit Abraham aufnehmen. Aber eines haben wir doch gemeinsam mit ihm: den gleichen liebenden Vater! Und von ihm hängt schließlich alles ab.

Möge Gott, die Quelle der Hoffnung, euch im Glauben mit Freude und Frieden erfüllen, damit eure Hoffnung durch die Kraft des Heiligen Geistes immer stärker wird. (Römer 15,13)

In Liebe, B.

Donnerstag, 30. Dezember 2004

№10

IHR LIEBEN. Ich nehme euch mal mit auf die Intensivstation: Nach einer Sprechanlage und Sicherheitsschleuse, die kein Unbefugter betreten darf, gelange ich in den Umkleideraum. Dort ziehe ich mich bis auf die Unterwäsche aus, wasche Hände und Gesicht und kleide mich in eine sterile Krankenhaus-Kluft. Die Füße verschwinden in Plastik-Überziehern, die Haare unter einer Schutzhaube und Kinn und Nase hinterm Mundschutz. Zusätzlich lege ich eine Papierschürze und Gummihandschuhe an. (In dieser Montur klingt das Singen zur Gitarre irgendwie stark gefiltert ...)

Gabi liegt in einem großen 4-Bett-Zimmer ganz allein. Ihr Bett ist von Infusionsautomaten und Monitoren umstellt. Ihr noch immer offener linker Arm liegt dick eingegipst und abgepolstert auf einem Beistelltisch. Immer wieder wird sie mit fiebersenkenden Pfefferminz-Umschlägen gekühlt. Täglich wandern ca. 10 Liter Infusions-Flüssigkeiten durch ihren Körper. Alle 10 Minuten kommt Pflegepersonal und zweimal täglich ein Bewegungs-Therapeut. Sie realisiert von alledem nichts (oder wenig). Heute schlug sie ein paarmal die Augen auf, ihr Blick blieb aber ausdruckslos.

Ihre Tagesverfassung ist zufriedenstellend. Noch immer hat sie etwa 39 Grad Fieber, große Flüssigkeitsansammlungen im Körper und eine noch immer nicht funktionstüchtige Lunge. Aber die Entwicklung geht in die richtige Richtung. Das ist angesichts der Lage schon sehr viel. Dankt mit uns dafür. Heute kam auch eine Seelsorgerin, Schwester Perpetua (Franziskanerin), auf die Station. Ich hatte eine schöne Begegnung mit ihr und beteuerte ihr, dass ein Lebenshaus auf dem Felsen Christus nicht ins Wanken geraten muss. Zum Abschied schluchzte sie und drückte mich herzlich. So, jetzt fahre ich noch einmal zu meiner Geliebten.

»Und reichst du uns den schweren Kelch, den bittern,
des Leids, gefüllt bis an den höchsten Rand.
so nehmen wir ihn dankbar ohne Zittern
aus deiner guten und geliebten Hand.«

Dietrich Bonhoeffer

Gabi hat diesen Kelch noch immer an ihren Lippen, aber es ist die gute und geliebte Hand Gottes, die zu ermessen vermag, was über ihr Vermögen ginge. Wir sind ermutigt und im Vertrauen gestärkt und so dankbar für die breite Front der Beter. Gott segne euch für die Signale der Anteilnahme!

In Liebe
Andreas, Lea, Nathan, Talitha und alle Kleines & Fetts

FREITAG, 31. DEZEMBER 2004 – MORGENS

№11

LIEBE FREUNDE! Zur Stunde sitze ich daheim in Schoppen und rufe meine Mails ab. Seit dem 4. Advent staute sich mein Postfach. Vielen Dank für diese Flut an Post. Es tut so gut, getröstet zu werden. Wir wollen, wenn Gott will, euch gerne auch noch persönlich antworten!

Heute wird in Taiwan der weltgrößte Hochhausbau eingeweiht – über 500 Meter hoch. Zeitgleich werden am Indischen Ozean die Opferzahlen des Tsunami weit, weit nach oben korrigiert. Was für ein Paradoxon! Währenddessen liegt Gabriele im Koma. Wann wird der Mensch begreifen, dass seine Seele ›*am Staub klebt*‹, dass er nichts ist?

»Meine Seele klebt am Staub; belebe mich nach deinem Wort! Ich habe meine Wege erzählt, und du hast mir geantwortet. Lass mich den Weg verstehen, so will ich reden über deine Wunder. Meine Seele weint vor Kummer, richte mich auf nach deinem Wort! Herr, lass mich nicht zuschanden werden. Ich laufe den Weg deiner Gebote, denn du machst meinem Herzen Raum.«

aus Psalm 119, von Geschwistern zur rechten Zeit geschickt

Genau das ist unsere Erfahrung und unser stilles Gebet. Wir lernen in diesen Tagen, wie gar nichts in unserer Macht steht und wie rückhaltlos man sich Gottes Hand anvertrauen kann und muss. Hier im Freizeithaus Schoppen findet zurzeit eine Jahresschlussfreizeit mit Bibelarbeiten zum Buch Jona statt. Ich konnte kurz hineinschnuppern.

Ja, in Jonas Erfahrung finde ich mich wieder: Er hatte eine gesegnetere Zeit im Wal als unter dem Wunderbaum. In der Finsternis, mit Seegras um sein Haupt, war er Gott näher als in der Sonne unterm Blätterdach. In der Tiefe sind wir Gott näher als in der Oberflächlichkeit.

Wir erleben die profunde Wahrheit, dass Gott spürbar bei denen wohnt, die zerbrochenen Herzens sind. Im Tränental stoßen wir auf Trost-Brunnen und Freuden-Quellen (Psalm 84,7). Wir betrachten diese Erfahrung schon jetzt als einen unveräußerlichen Schatz – die kostbare Perle, die nur im Leiden entsteht.

Gestern Abend fieberte Gabi mit 39,6 Grad. Ich wollte bei ihr bleiben, bis ihr Fieber fiel. Da bemerkte ich, dass es kurz vor 22 Uhr war. Trafen sich nicht genau jetzt die Freunde in Schoppen zum Beten für Gabi? Ich rief rasch an und schilderte ihnen die Lage. Euer Gebet drückte die Temperatur unter die 39er-Marke. Heute sind die Werte weiter auf leichter Entspannung.

Dennoch sehe ich, wie sie leiden muss, wie sie gequält den Beatmungsschlauch kaut. Ich fühle, wie schmerzumstellt ihr Körper kämpft. Betet bitte weiter, dass ihre Seele in tiefem Frieden ist und Gottes Angesicht gütig über ihr strahlt.

Ich spür den Arm um meine Schulter,
hör, wie mein Vater spricht:
Du hast mich oft gefragt: Warum? –
doch du verstehst die Antwort nicht.
Ich weiß um Sturm und Regen,
kenne die kalte Nacht.
Ich sehe deine Tränen
und was dich traurig macht.
Ich gab dir Glück und Lachen,
ich war dein neues Lied,
Denn heil ist der, der mir vertraut,
auch wenn er vieles noch nicht sieht.

Andreas Malessa

Gott segne euch das heraufbrechende Jahr 2005 – ein Jahr bereitstehender Gnade Gottes. Wir greifen zu!

In Liebe *Andreas*

LIEBER ANDY, LIEBE GABI.

Wir bangen und hoffen mit euch in dieser schweren Zeit. Wir wissen selbst, dass viele Worte jetzt wenig helfen. Unser Verstand sucht nach einem Sinn im Leid und stößt schnell an seine Grenzen. Wir haben es zu schätzen gelernt, selber schnell am Ende zu sein. Denn ab da, wo die eigenen Kräfte aufhören, beginnt der vertrauensvolle Glaube auf Gottes Handeln. Und Gott ist so unendlich anders als wir:

»Wie unermesslich reich ist Gottes Weisheit, wie abgrundtief seine Erkenntnis! Wie unergründlich sind seine Entscheidungen, wie unerforschlich seine Wege! Denn wer hat jemals seine Gedanken erkannt, wer ist je der Berater des Herrn gewesen? Wer hat ihm je etwas gegeben, das Gott ihm zurückgeben müsste? Denn von ihm kommt alles, durch ihn steht alles und zu ihm geht alles. Ihm gebührt die Ehre für immer und ewig!«

Römer 11, 33

Das schönste Weihnachtsgeschenk wäre jetzt Gabrieles Genesung. Wir beten, dass ihr es bekommt! In Liebe P. + G.

Freitag, 31. Dezember 2004 – abends

№ 12

IHR LIEBEN, den ganzen Nachmittag verbrachte ich wieder am Bett meiner geplagten Frau.

Als ich vorhin ihren Namen nannte, riss sie sofort die Augen weit auf. In diesem Moment strömte eine Kaskade von Mitteilungen aus ihren Gesichtszügen. »Endlich bist du da, Andreas!« Ihr lebendiges Mienenspiel drückte alle Gefühle auf einmal aus: Erschöpfung und Erleichterung, Ungemach und Unwille. Ich werde diesen Anblick niemals vergessen.

Vergeblich bemühte sie sich, sich trotz des Tubus irgendwie klar zu artikulieren. Ich verspürte ihren unsäglichen Widerstand, das Aufbegehren gegen die Fixierung ihrer Arme, die störende Nasensonde, die Kühl-Ventilation und das ständige sehr schmerzhafte Absaugen der Luftröhre. Ihre Stirn legte sich in tiefe Kummerfalten und ihr Brustkorb bebte. Mein Herz zersprang vor Mitleid.

Ich redete ruhig auf sie ein: »Seufze nur, während wir dich tragen. Halte aus, geliebte Gabi, du tapfere Dulderin. Wehre dich nicht gegen das Störende. Das wird dir helfen. Geh geduldig weiter durch das dunkle Tal.

Halte das Ziel fest im Auge. Es gibt Lohn für deine Mühe! Sage: ›*Ja, Vater, denn so ist es wohlgefällig vor dir*‹ (Matthäus 11,26). Sag einfach: ›*Ja, Vater* ...!‹«

Ich kam mir dabei vor wie der unsportliche Trainer einer Leistungssportlerin. Was verlangte ich ihr da ab? Könnte ich ihr nur ein Stück der Qual abnehmen ...

Doch wie durch ein Wunder legte sich in diesem Moment ein tiefer Friede auf ihr Gesicht. Und mehr noch: Sie schenkte mir ihr Gabi-typisches Lächeln. Sie strahlte mich durch die zäumende Mullbinde in ihren Mundwinkeln an.

Was für ein Triumph! Was für schöne Züge sie doch hat! Ich wurde erneut zu ihrem ›Strahlenopfer‹ – sozusagen ›gabio-aktiv‹ verseucht. Es war ein bewegender Umbruch von Verzweiflung zum Vertrauen. Gott hat mich ihr dabei so nahe gebracht. Emotional überwältigt sang ich ihr: *»Sag ja zu Gottes Wegen, Gottes Wege sind immer gut«*, und übte mich selbst zaghaft in dieser Einwilligung.

Später las ich ihr dann noch behutsam Briefe und Karten von euch vor und spürte, wie mich ihre rechte Hand drückte. So viele gute Wünsche und Trostworte. Was für ein Segen, was für eine Verbundenheit, wenn die Geschwister so mitleiden. Gott segne euch dafür.

Betet bitte konkret dafür, dass sie den diktatorischen Schlauch im Rachen und den würgenden Ballon im Kehlkopf nicht als permanente Bedrohung empfindet. Betet, dass ihr Fieber sinkt. Betet, dass ihr Gott viele Stunden Schlaf gestattet, in denen sie *»des Tages Jammer verschlafen und vergessen soll«*.

Euch allen einen gesegneten Jahreswechsel.

In Liebe *Andreas*

Sie kennen's nicht

Es gibt Menschen, die immer mit raschen Schritten
gehn durch die Tage; die Danken und Bitten
und ihr Trösten vor anderer Herzenspforten
immer nur äußern mit lauten Worten.
Die mit festen Händen schaffen im Leben,
doch nie lernten, für Wunden Linnen zu weben
und Schleier aus stiller Barmherzigkeit ...
(Sie gingen selber noch niemals durch Leid)

Marie Feesche

Hier wird gebetet, Herr Fett! M. K.

HALLO ANDY,

als deine Mail geladen wurde und ich sie noch nicht einmal gelesen habe, liefen schon vor den Augen die Krankenhaus-Bilder aus der Zeit mit unserem Baby ab.

Deine Mail schockierte mich regelrecht. Ich kann irgendwie mit solchen Nachrichten nicht mehr unvoreingenommen umgehen.

Wir werden für euch beten und hoffen, dass Gott unsere Wünsche erfüllt.

Krankheit ist bei mir nicht mehr frei von Ängsten - leider. Aber ich bin gewiss, dass Gott auch unerfüllte Wünsche dienlich sind. Auch wenn ich es noch immer nicht verstehen kann, wieso er solche Wege mit uns geht …

Sag Gabi liebe Grüße von uns, und dass wir ihr im Gebet ganz nahe sind.

L.

№ 13

IHR LIEBEN. Das Jahr beginnt sehr turbulent. Nachdem ich bis fast 1 Uhr über den Jahreswechsel bei Gabi saß, haben sich die Ereignisse in kurzer Zeit überschlagen. Gestern Nacht lag sie noch halb wach, halb bewusstlos am Beatmungsgerät und sollte auch so bis Montag(!) durchhalten müssen.

Ich hatte euch berichtet, wie sie innerlich dagegen ankämpfte. In einem letzten Gespräch mit dem Stationsarzt bat ich inständig, dass der Tubus entfernt werden solle, weil Gabi zu viel bei Bewusstsein war. Der Arzt schüttelte nur mitleidig den Kopf.

Heute früh klingelte kurz nach 6 Uhr das Telefon. Ich wusste, dass es um diese Zeit nur um Gabi gehen konnte. (Auf alles) gefasst ging ich zum Apparat. Was war passiert? Eine Verschlimmerung?

Gabriele selbst meldete sich mit klarer Stimme: »Hallo mein Geliebter. Entschuldige, dass ich dich wecke. Kannst du bitte schnell zu mir kommen? Ich fürchte, die wollen mich schon wieder verlegen ...«

Ein Traum? Ein Albtraum ging weiter: Schon wieder eine Not-Verlegung?! Der erste Schock saß tief. Das passte nicht in mein Weltbild. Woher kam diese mir so vertraute Stimme? Gabi konnte doch unmöglich mit dem knebelnden Tubus so deutlich reden ...

In Windeseile zog ich mich an und im Tiefflug schaffte ich den Weg nach Duisburg in neuer Bestzeit. Die Straßen waren Gott sei Dank auch völlig leer. Nach 25 Minuten war ich bei ihr. Schon auf dem Stationsflur sagte mir die Nachtschwester: »Ihre Frau hat sich heute Nacht den Beatmungsschlauch herausgerissen.« Und dann sah ich tatsächlich meine alte neue Gabi. Sie strahlte mich an und redete mit mir – welch ein Genuss.

Erst fünf Stunden zuvor hatte ich Gott gefragt: »Kannst du die drei Tage bis Montag nicht ein wenig raffen? Wie soll Gabi das sonst durchhalten?« Es ist wirklich wunderbar, wie unser Herr das Blatt gewendet hat. Am Abend zuvor las ich ihr im Koma noch den Zuspruch aus Jeremia 31,25-26 vor:

»Denn ich habe die erschöpfte Seele reichlich getränkt und jede schmachtende Seele gefüllt.
Darum heißt es: Ich wachte auf und sah umher – mein Schlaf war mir köstlich gewesen!«

Ja, und da saß die ›schläfrige Seele‹ vor mir, blickte sich um und verstand ihre Umwelt noch nicht ganz. Welch eine Wendung! Sie atmete hervorragend – trotz der starken Mittel, die die Eigenatmung herabsetzen!

Die Nachtschwester befürchtete, dass ihre Lunge kollabieren könne, aber sie tat einwandfrei ihren Dienst. Die lebensbedrohliche Lungenentzündung war abgeklungen. Ganz gegen den Willen der Pfleger wollte sie unbedingt sofort ihren Mann anrufen. *»Alles, was Odem hat, lobe den Herrn!«*

Sie konnte sich an das Davor nicht erinnern. Natürlich war sie im Übergangssyndrom noch orientierungslos. Sie redete viel wirres Zeug – wie andere an diesem Morgen im Silvesterschwips. Daher auch die irrationale Sorge, wieder verlegt zu werden.

»Du sendest deinen Lebenshauch. Die Herrlichkeit des Herrn sei ewig. Der Herr freue sich seiner Werke.«

Psalm 104,30-31

Der Tag verlief noch herrlich: Während Gabi für den Tag fertig gemacht wurde (Verbandswechsel, Atemübung, Umbetten), musste ich die Station für zwei Stunden verlassen.

Im Foyer des Krankenhauses setzte ich mich in einen Rollstuhl und las in meiner Bibel. Da trat ein älterer Herr an einen Getränkeautomat und zog sich einen Kaffee. Ich sprach ihn an: »Weshalb müssen Sie so früh schon hier warten?« – »Äh, ich trinke nur einen Kaffee vorm Gottesdienst. Und warum sitzen Sie im Rollstuhl?« – Ich lachte über das Missverständnis.

Ja, so kam es, dass ich die Wartezeit wunderbar füllen konnte. Dieser Herr nahm mich mit zu einem kurzen Neujahrsgottesdienst in der Nachbarschaft. Es folgten schöne Gespräche und viel innerer Jubel bei mir.

Am Mittag wurden Gabis Äußerungen immer wirrer und verrückter (eine Folge des medizinischen ›Drogenentzugs‹). Sie sprach von Matchbox-Autos, Glasbausteinen und dem 33. Dezember. Dennoch hörte ich sie klar und verständlich sagen:

»Wer mir nachfolgt, wird nicht in der Finsternis wandeln, sondern wird das Licht des Lebens haben.« Dann aber wieder etwas kryptischer: *»Mir wird nichts mangeln. Und ob ich schon, äääh, finsterte im dunklen Tal, fürchte ich keine Finsternis ...«*

Es war soo beglückend für mich. Gabi war trotz ihrer Verwirrung Gott nahe. Das bewirkten eure Gebete! Nach vermeintlich »rohem Fleisch in ihrer Schublade«, »Medizin von Melli und Ille« und vergessenen Weihnachtsgeschenken sang sie plötzlich: *»Ein Leben für Gott, für ihn allein, das soll mein Leben sein.«* Und ich sang leise mit.

Irgendwann äußerte sie: »Lothar Schäfer hat das doch auch erfahren. Es muss doch auch bei mir klappen.« Ich denke, ich weiß, was sie meinte. Ja, sie war wirklich verrückt – ein bisschen entrückt.

Vielleicht klingt das alles etwas überspannt. Aber ich möchte so gerne meine frischen Eindrücke festhalten und zur Ehre Gottes weitergeben.

Als ich heute Abend um 20 Uhr noch einmal zu Gabi wollte, um ihr in der leichten Verwirrung nahe zu sein, rief mir der Krankenhaus-Pförtner zu: »Halt, Großalarm. Keiner darf rein. Feuer!« Da rauschten auch schon die Rettungsfahrzeuge mit Blaulicht an uns vorbei zum Haupteingang der Klinik. Auf mich wirkte die ganze Szene wie aus einem schlechten Drehbuch. Aber es stellte sich bald als Fehlalarm heraus und ich konnte zur Intensivstation.

Gabrieles Werte sind eindeutig besser geworden. Ihre Temperatur ist fast normal, ihre Atmung stabil und sie trinkt trotz der Verschluckungsgefahr etwas Tee. Gott hat da zweifellos einige Wunder getan. Lobt ihn!

So, jetzt gehe ich schlafen.

In Liebe *Andreas*

»Gewiss ist,
dass wir nichts zu beanspruchen haben –
und doch alles erbitten dürfen!«

Dietrich Bonhoeffer

HALLO ANDREAS

Mit großem Beschämen sehe ich, dass der Herr auch zu mir durch diese schlimme Krankheit reden muss, damit ich wieder aufgerüttelt werde aus Gleichgültigkeit, Herzenskälte und geistlichem Schlaf. Ich danke Gott aufrichtig dafür, dass er mich und viele Mitgeschwister im gemeinsamen Tragen eures Leides und im Zusammenhalten im Gebet weiterbringt und unsere Liebe zu Ihm und untereinander wieder neu entfacht.
Möge das von Dauer sein. H. U.

LIEBE GABI, LIEBER ANDREAS.

Eure Not hat uns sehr berührt und aufgewühlt. … Es hat uns sehr gefreut, dass du in eurer schwierigen Situation so viel gesungen hast. Dabei ist uns aufgefallen, dass diese gute Gewohnheit bei uns ziemlich am Verkümmern ist. Vielen Dank für den Ansporn.

Wir haben euch lieb und freuen uns, wenn ihr wieder bei uns seid. L.+ C.

Sonntag, 2. Januar 2005

№14

Leidenszeit schafft Herrlichkeit!

IHR LIEBEN. Wir danken euch ganz herzlich, dass ihr in den letzten beiden Wochen die existenzielle Bedeutsamkeit unserer Lage erkannt und so treu mitgebetet habt. Durch euren Beistand kamen wir nie in die Lage, eine so erdrückende Einsamkeit wie unser geliebter HERR in Gethsemane zu verspüren.

Die Dimension eurer Unterstützung hat uns immer wieder überwältigt und zu Trosttränen gerührt. Hunderte Leute versicherten uns, für uns zu beten. Ein Anruf kam aus Grönland, einer aus Las Palmas, E-Mails kamen aus Indonesien und Brasilien.

Aber Gott handelt nicht erst ab tausend Gebeten. Wir müssen keine Fürbitten-Kontingente erfüllen. Die Erhörung unserer Gebete ist nicht abhängig vom Solidaritätsfaktor oder Sympathiewert der Beter oder Umbeteten. ER ist der souveräne HERR. Er handelt, wie es ihm gefällt und was seinem Plan entspricht.

Er ist Gott – seine Gedanken sind uns zu hoch. Aber für uns Betroffene ist euer Gebet eine unschätzbare Kostbarkeit; die mehrfache Ringmauer um unser schutzloses Zelthaus; der Sicherheitsgurt auf dem Schleudersitz unserer Gefühle. Die Versicherung eurer Gebete macht uns gewiss, dass unser schwaches Seufzen vor Gott in wohlgefälliges Flehen umgewandelt wird.

Selten erlebten wir geistliches Einssein so konkret und Gottes Beistand so nahe. Gottgefälliges Gebet ist EINWILLIGUNG – nicht UMSTIMMUNG. Gott spielt mit uns nicht Lotterie. Er legt das Los fest (Psalm 16,5). Er lenkt und leitet unumschränkt.

Viele Menschen erleben wie Hiob, dass der Schrecken, den sie befürchten, sie trifft – mit voller Härte trifft (Hiob 3,25). Uns hat Gott bislang diesen schrecklichen Schlag erspart. Im Geist sah ich ihn oft vor mir – in Gabi sogar ganz real in Fleisch und Blut.

Wir möchten uns einsmachen mit denen, die noch immer in Todesnähe zittern, in Chemotherapien vergehen und in chronischen Leiden niedergebeugt sind. Mit denen, die den Verlust ihrer Lieben betrauern oder das Entsetzen von nicht enden wollendem Leid ertragen – lebenslange Behinderungen und Behandlungen erdulden. Wir bewundern ihr Ausharren und ihr Festhalten an Gott. Wir erahnen den Wohlgeruch, das Wohlgefallen, den diese Geduld der Heiligen unserem Vater im Himmel bedeuten muss. Gott segne und stärke sie, wie er uns gesegnet hat.

Der Schluss aus dem ersten Petrusbrief wird uns in diesen Tagen plastisch und trostreich:

»Der Gott aller Gnade, der euch berufen hat zu seiner EWIGEN Herrlichkeit in Christus, er selbst wird euch, die ihr eine KURZE Zeit gelitten habt, vollkommen (reif, erwachsen) *machen, stärken, kräftigen, gründen. Ihm sei die Macht* (die volle Verfügungsgewalt über uns) *in Ewigkeit. Amen.«*

Gabi soll, so Gott will, morgen erneut am Arm operiert werden. Es wird der 5. Eingriff unter Narkose. Wir sind sehr getrost und dankbar. Mit den allerherzlichsten Grüßen von Gabi an alle, die sie getragen und getröstet haben. Nach ärztlicher Einschätzung ist sie außer Lebensgefahr.

Gelobt sei der Herr.

In Liebe *Andreas*

HALLO, LIEBER ANDREAS!

Über verschiedene Umwege erhielt auch ich eure E-Mails und ich habe vor Freude geweint. Ich freue mich - freue mich - freue mich - mit dir, mit euch, für euch! Ich bete weiterhin für euch und grüße mit Hebräer 4,14-16. Liebe Grüße. C. K.

HALLO ANDI (UND GABI)!

Wir sind dem Herrn sehr dankbar für seine Wunder, die ER bei euch und somit auch bei uns, da wir doch ein Leib sind (1. Korinther 12), gewirkt hat.

In den ersten Tagen eurer Not bat ich den Herrn, mir eine Verheißung zu geben, auf die ich mich im Gebet für euch stützen konnte.

Ich musste an Jesaja 40 denken und habe dieses Kapitel gelesen und zur Gebetsgrundlage gemacht.

Für mich war es damals klar, dass der Herr alles zum guten Ende führen wird, nur das ›Wann‹ kannten wir nicht. So beteten wir für euch, dass ihr im »Tal des Todes« immer die Stimme des Hirten hören könnt.

Jesaja macht Mut, in der Not die Augen aufzuheben und zum Schöpfer zu blicken, der die Sterne und ich denke auch ganze Galaxien mit seinem Wort bewegt; der diese riesigen ›Geschöpfe‹ alle mit Namen kennt!

Denkst du dabei nicht sofort auch an Johannes 10? Er kennt auch alle seine winzigen ›Geschöpfe-Schäfchen‹ auf unserem kleinen Planeten Erde mit Namen und ruft sie.

Und dann der Adler … Ein müder, mutloser, geknickter, mit Staub der Perspektivlosigkeit bedeckter Adler gewinnt neue Kraft!

Ich glaube, dass unser Gott uns genauso auch heiligt, einmal durch den großen Trost seiner Stimme in Tagen der Not, aber dann auch durch seine göttliche Kraft, die uns wieder in Bewegung bringt, die unsere Hoffnung wieder aufleben lässt.

So lässt Gott unseren Glauben wachsen, so bekommt Gott immer mehr den Platz, den ER in unserem Leben haben soll.

In diesem Sinne wünschen wir dir und Gabi einen geebneten Weg für die Zukunft!

D. S.

IHR LIEBEN, wir freuen uns sehr mit euch!! Andi, du hattest in der Mail, als es Gabi schlecht ging, geschrieben, dass der HERR dir den Vers groß machte mit »Die Frau wird den Mann umgeben« und »Keiner wird umkommen«. Bei all den Auf-und-Ab-Meldungen wusste ich im Herzen nach diesen Zusagen, dass Gabi es schaffen wird – diese Verse in eure Situation …
So haben wir im Glauben für Gabis Genesung gebetet. Als es ihr noch schlecht ging, habe ich zu einer Schwester gesagt, mit der wir uns für euch zum Beten trafen, wenn Gabi raus ist, bringen wir euch einen Kuchen vorbei vor Freude, dass Gabi noch unter uns sein kann. Der HERR hat seine Zusagen eingehalten! Das hat mich stark beeindruckt – sein Zeitplan!

Gabi, wie sehr freuen wir uns auf den Moment, dich zu sehen! Lasst euch den Kuchen gut schmecken. In IHM, dessen Liebe uns trägt! Psalm 37,25. »Ich bin jung gewesen und alt geworden, doch habe ich NIE den Gerechten verlassen gesehen!« D. Z.

LIEBER ANDREAS UND LIEBE GABI,

nach den vielen mehr als beunruhigenden Nachrichten der letzten Tage von Euch kam nun gestern endlich eine wunderschöne mit dem Satz »Nach ärztlicher Einschätzung ist sie außer Lebensgefahr!« Unser Sohn zeigte mir das Blatt und sagte, ich solle zuerst den letzten Satz lesen, was ich dann auch tat, und dann konnte ich ganz ohne Sorge die anderen Zeilen lesen. Wie gut, dass wir per Mail an Eurem Schicksal teilhaben dürfen und jeden Tag ganz konkrete Gebetsanliegen durch Andreas' ausführliche Briefe erfahren konnten.

Wie alle, die davon hörten, waren auch wir sehr, sehr betroffen und traurig, aber auch zuversichtlich, dass unser Herr für Gabi Besserung schenken wird.

Nun liegt mit der heutigen 5. Operation noch einmal eine schwere Wegstrecke vor Dir, liebe Gabi, aber wir wünschen Dir von ganzem Herzen, dass auch diesmal alles gut verläuft und

Du vielleicht bald aus dem Krankenhaus entlassen werden kannst.

Bei dem Wort Zuversicht fällt mir der folgende Spruch aus Jeremia 17,7 ein. »Gesegnet ist, der sich auf den Herrn verlässt und dessen Zuversicht der Herr ist.«

Wir als Familie denken in diesen Tagen viel an Euch. In herzlicher Verbundenheit, Eure Geschwister M.& H. B.

LIEBE GABI, LIEBER ANDREAS,

es hat den Anschein, dass nun das Schwerste überstanden ist. Gott sei Dank. Wir freuen uns mit euch!
Nun ist der Blick wieder für das Gute frei. Nach Philipper 2,26+27:
»Wir waren sehr in Unruhe, weil wir gehört hatten, dass sie krank war. Denn sie war auch krank, dem Tod nahe; aber Gott hat sich ihrer erbarmt, nicht aber nur ihrer, sondern auch unser, damit wir nicht Traurigkeit auf Traurigkeit hätten.«

Herzliche Grüße von T. & D. E.

Dietrich Bonhoeffer, der 1945 in der Blüte seines Lebens von den Nazis umgebracht wurde, schreibt in WIDERSTAND UND ERGEBUNG aus seiner Haft:

»Es ist unendlich viel leichter, im Gehorsam gegen menschlichen Befehl zu leiden, als in der Freiheit eigenster verantwortlicher Tat. Es ist unendlich viel leichter, in Gemeinschaft zu leiden, als in der Einsamkeit. Es ist unendlich viel leichter, öffentlich und unter Beachtung zu leiden, als abseits im Vergessen und in Schanden. Es ist unendlich viel leichter, durch den Einsatz des leiblichen Lebens zu leiden, als durch den Geist. Christus litt in Freiheit, in Einsamkeit, abseits und in Schanden, an Leib und Geist.

LIEBER ANDREAS,

habe mir deine Mails hier im Büro abgerufen und sitze einfach mal vor Freude weinend an meinem Schreibtisch. Was für einen wunderbaren Herrn haben wir! Ich bin so glücklich für euch und es stärkt meinen Glauben wieder ungemein, zu lesen, wie der Herr scheinbar Unmögliches möglich macht, Sturm und Wellen gebietet – und das Nichtseiende ruft, als sei es da … D. D.

LIEBER ANDREAS,

heute Morgen habe ich die letzte Nachricht von dir über den Zustand von Gabi erhalten. Das ist ja wirklich ein Wunder – wir sind ganz sprachlos.

Wir haben gerade gestern noch so intensiv in der Gemeinde für Gabi gebetet und auch heute Morgen hier im Werk. Und dann diese Nachricht. Seine Wege sind wirklich unausforschlich und wir verstehen ihn einfach nicht. Aber staunen dürfen wir. Und das tun wir.

Wir beten weiter für eine völlige Wiederherstellung Gabis. Unsere Bitte bisher war immer: »Herr, schenke dem Andreas die Frau und den Kindern die Mutter zurück«, und er hat es getan. Sie ist doch jetzt für dich wie ein ganz neues großes Geschenk! R. J.

Dienstag, 4. Januar 2005

№ 15

Ein Freund versendet die Nachricht:

LIEBE FREUNDE UND BETER. Gestern haben wir Familie Fett besucht. Es war eine gute Zeit des Austausches und des Gebets ... Ich habe etwas voreilig schon eine E-Mail versandt, nicht wissend, dass Andi heute noch folgende E-Mail verschickt hat. Beachtet besonders den Wechsel in den Mails: Aus ›ich‹ wurde ›wir‹, aus ›Andi‹ wurde ›Gabriele und Andi‹ – was für ein Segen! Aber genießen wir die Worte der beiden. Hier die aktuelle Meldung von ihm ...

»Gepriesen sei der HERR.
Tag für Tag trägt er unsere Last.
Gott ist unser Heil.
Gott ist für uns ein Gott der Rettung.
Und Gott der HERR hat Auswege aus dem Tod.«

Psalm 68,20-21

LIEBE FREUNDE UND BETER! Gabrieles Arm wurde am Montag, den 3. Januar, um die Mittagszeit weiterbehandelt. Es gab einen gewaltigen und für uns unfasslichen Fortschritt.

Zunächst stellte der Oberarzt nur die Entfernung der Kunsthaut in Aussicht. Tatsächlich haben sie jedoch schon heute die klaffende, fischförmige Fleischwunde verschließen können. Sogar die Hauttransplantation vom Oberschenkel auf den Unterarm wurde vorgenommen. Gabis Zustand war so stabil, ihr Lungenbild so einwandfrei, ihre Temperatur so niedrig, dass sie gleich das Optimum wagen konnten. Als ich nach der OP ins Krankenzimmer trat, lag sie unter hemmungslosen Freudentränen im Bett und konnte den Segen nicht fassen. Sie war völlig klar und gestärkt.

Gabriele lässt euch Folgendes mitteilen:

»Danke, danke, danke! Der Arzt sagte vor der OP: ›Glückwunsch, Ihre Lunge sieht aus wie die Lunge einer jungen Frau. Wir sehen keinerlei Schatten mehr auf dem Röntgenbild.‹ Gott hat über Bitten und Verstehen an mir gehandelt. Die Gewissheit eurer Gebete war und ist mir so wertvoll. Bibelworte oder Ermutigungen sind oft nicht zu mir durchgedrungen, aber das Wissen: Allabendlich treffen sich wieder viele, um für mich zu beten – von überall wird mir versichert, dass Geschwister für mich beten, berührte mein Innerstes. Diese Liebe hat mich völlig überwältigt. Es war eine qualvolle Zeit, aber ich hatte Frieden in meiner Seele. Natürlich hatte ich große Sehnsucht, mit meinen Lieben weiterleben zu dürfen, aber genauso stark war auch die Sicherheit, dass ich bei Jesus sein würde, wo alle Schmerzen enden, wenn ich sterben sollte. Sage den Geschwistern, dass meine Liebe zu ihnen allen echt himmlische Ausmaße erreicht hat während der schweren Zeit. Ich beneide mich dafür, solche Gebete hinter mir verspürt zu haben. Jeder, der sich dieser Gemeinschaft entzieht, bestraft sich selbst. Immer wieder hat es mich so ermutigt und getröstet, auch wenn ich keinen Ausweg erkannte. Sie sollen bitte nicht aufhören zu beten. Ich bin immer noch in Sorge, ob wirklich alles wieder gut werden kann. Ich habe sie alle sooo lieb.«

Ja, wir blicken einfach dankbar, beschämt und bereichert auf die vergangenen 14 Tage zurück – und zuversichtlich auf die bevorstehenden Tage.

Wir wollen auch nicht die enorme medizinische Anstrengung unterschlagen, die Gabi zur Rettung verholfen hat. Wir sind so dankbar für unser Gesundheitssystem, den Stand der Medizin hierzulande und das professionelle Team in Duisburg. Ein Serum, dass zur Stärkung ihrer Immunabwehr verabreicht wurde, hat allein den Wert eines Mittelklassewagens ... Dennoch möchten wir ein ganz anderes ›Serum‹ rühmen: das teure Blut unseres Erlösers Jesus Christus, das uns vor einem viel schlimmeren Schaden als dem Sterben bewahrt – es rettet den Glaubenden vor dem ewigen Tod. Deshalb enden wir mit dem Jubel aus Offenbarung 5,9+13:

»Du bist würdig, denn du bist geschlachtet worden
und hast uns durch dein Blut für Gott erkauft.
Dem, der auf dem Thron sitzt, und dem Lamm
den Lobpreis, die Ehre, die Herrlichkeit
und die Macht von Ewigkeit zu Ewigkeit.«

In Liebe und sehr großer Erleichterung

Gabriele & Andreas

Wenn Technik unser größtes Bedürfnis wäre,
hätte Gott uns ein Universalgenie geschickt.
Wenn Wissen unser größtes Bedürfnis wäre,
hätte Gott uns einen Wissenschaftler geschickt.
Wenn Geld unser größtes Bedürfnis wäre,
hätte Gott uns einen Ökonomen geschickt.
Wenn Unterhaltung unser größtes Bedürfnis wäre,
hätte Gott uns einen Entertainer geschickt.

Da aber VERGEBUNG unser größtes Bedürfnis ist,
hat Gott uns seinen Sohn als RETTER geschickt.

Verfasser unbekannt

LIEBE GABI, LIEBER ANDREAS!

Mit großer Freude haben wir gerade gute Nachrichten am Telefon vernommen. PREIS sei IHM! Haltet durch, auch wenn weiteres Ungemach auf euch zukommt! Unsere Zwillinge lassen keinen Tag aus, für Euch zu beten. Seid Euch bewusst: Ihr seid Geliebte des Schöpfers aller Gewalten, des Erhalters allen Lebens und des Ziels allen Seins! Gott behüte und segne Euch!
In herzlicher Liebe und Verbundenheit aus Falkensee. M. + R.

Am 4. Januar per Mail aus Übersee:

Wir freuen uns so sehr, dass Jesus, das Licht der Welt, dir so nahe gewesen ist in deiner Finsternis. Gottes Wege sind gut, auch wenn sie uns manchmal rätselhaft und schwer erscheinen. Unbekannt und doch bekannt durch JESUS grüßen euch
G. und B. S. aus Papua-Neuguinea

PS: Es haben manche einheimischen Geschwister fest mit für euch gebetet und fragen immer wieder nach, wie es Gabi geht. Ist das nicht schön, so weltweit miteinander verbunden zu sein?

»Das wird allein Herrlichkeit sein, wenn frei von Weh ich SEIN Angesicht seh.«

Freitag, 7. Januar 2005

№16

IHR LIEBEN. Tage der Erleichterung und stetigen Besserung liegen hinter uns. Gestern wurde bei einem Verbandswechsel festgestellt, dass die übertragene Eigenhaut tatsächlich angenommen wird. Gabriele ist unsäglich glücklich darüber. Immer wieder weint sie vor Freude.

Sie darf sich mittlerweile aufsetzen und kommt sogar für kurze Zeiten in einen Rollstuhl, um ihren Kreislauf zu trainieren. Zunächst wurde ihre Sauerstoffmaske, dann ihre Leistenkanüle, dann der Blasen- und schließlich der Herzkatheter entfernt. Seit heute ist sie frei von allen Infusions-Fesseln. Das ist für uns alle sehr erstaunlich.

Ihre Haut löst sich in großen Patien von Händen und Füßen (wegen des Streptokokken-Befalls) und ihr Gesicht wirkt noch sehr eingefallen. Aber wenn man sie im Umgang mit dem Bewegungstherapeuten oder den Schwestern erlebt, zeigt sie wieder witzige Vitalität und ihre alte Liebenswürdigkeit.

Der Oberarzt sagte nachdenklich: »Ich bin jetzt 16 Jahre in diesem Haus. Ich kann mich an nur zwei ähnliche Verläufe erinnern. Die endeten allerdings nicht so glücklich wie bei Ihrer Frau. Wir mussten leider die befallenen Extremitäten amputieren.« In Attendorn wurde vor 20 Tagen Ähnliches erwogen. Wie gütig ist Gott zu uns!

Ihr Arm bedarf zwar noch wochenlanger Nachbehandlungen, aber das ist die übliche Vorgehensweise nach einer so gravierenden Kompartment-OP.

Seit fast drei Wochen hat sie ihre Kinder nicht mehr gesehen. Das verursacht ihr die stärksten Entzugserscheinungen! Aber, so Gott will, darf ich die drei morgen mit auf die Intensivstation nehmen.

Das göttliche Timing im ganzen Krankheitsverlauf verwundert uns. Jetzt, wo die Lebensgefahr abgewendet ist, gehen die Ferien zu Ende. Wir können als Familie getrost ins Sauerland zurückkehren.

»Hoffnung ist da für deine Zukunft, spricht der HERR, und deine Kinder werden in ihr Gebiet zurückkehren.«

Jeremia 31,17

Zum Schluss möchte ich noch voller Dank erwähnen, dass bis zum heutigen Tag (seit Heiligabend) jeden Abend speziell für Gabi ein Gebetstreffen in Schoppen abgehalten wurde. Diese Beständigkeit und geschwisterliche Verbundenheit bewegt uns zutiefst. Danke!

Es ist tatsächlich wie damals bei den ersten Christen:

»Aber von der Gemeinde geschah ein
ANHALTENDES Gebet für sie zu Gott ...
und Licht leuchtete im Gefängnis ...
und die Ketten fielen von den Händen ...
und sie wusste nicht, dass es Wirklichkeit war ...
weil viele versammelt waren und beteten.«

nach Apostelgeschichte 12,5ff.

Mit der Erfahrung von Psalm 91 grüßen wir alle ganz herzlich und schauen voller Dankbarkeit und Demut auf das Durchlebte zurück!

Wer unter dem Schirm des Höchsten sitzt,
wird bleiben im Schatten des Allmächtigen.
Meine Zuflucht und meine Burg;
mein Gott, auf ihn will ich vertrauen.
Mit seinen Fittichen wird er dich decken,
und du wirst Zuflucht finden unter seinen Flügeln.
Du wirst dich nicht fürchten vor dem Schrecken ...
weil du den Herrn, meine Zuflucht, den Höchsten,
gesetzt hast zu deiner Wohnung.
Denn er wird seinen Engeln über dir befehlen,
dich zu bewahren auf allen deinen Wegen.
Weil er Wonne an mir hat, will ich ihn erretten;
ich will ihn in Sicherheit setzen, weil er mich kennt.
Ich werde ihn schauen lassen meine Rettung.

LIEBE FETTS, die vergangenen Tage sind wir sehr, sehr viel bei Euch in Gedanken, mit dem Herzen und mit unseren Gebeten. Eure Gedanken und Gefühle haben uns zu Tränen gerührt und wir haben mitgelitten und mitgebangt. Eine der letzten Mails klang dann so freudig und mit Humor gespickt, dass mir vor Freude erneut die Tränen in die Augen stiegen. Wie sehr man sich doch mit Geschwistern, die leiden, verbunden fühlt und spürt, wie sich bewahrheitet, dass wenn ein Teil des Leibes leidet, der Rest des Leibes ebenfalls leidet. Möge der Herr Gnade schenken, dass Gabi bald gesund genug sein darf, um wieder zu Euch nach Hause zu kommen. Das wird ein großartiger Tag und wir werden mit Euch jubeln! Bis dahin danken wir Gott für jeden Fortschritt, den Gabi machen darf, und freuen uns mit! Und fühle Dich sehr fest umarmt von mir. Während Ihr in Deutschland schon schlaft, sind wir in Kanada noch auf und tragen Euch weiter im Gebet - in herzlichster Verbundenheit, Eure T. B.

Dienstag, 11. Januar 2005

№17

IHR LIEBEN. Gestern konnte Gabi von der Intensiv- auf Normalstation verlegt werden. Unglaublich! Dafür preisen wir unseren Gott. Wenn ihr Arm auch für längere Zeit eine ›Großbaustelle‹ bleiben wird, ist doch ihre Gesamtverfassung erfreulich stabil.

Der Besuch am Samstag bei ihr mit den Kindern war für uns überwältigend schön – ein emotionales Erdbeben. Gabriele trägt jetzt einen Therapiehandschuh mit Zug-Gummis, der ihre Finger trainieren soll, aber sonst keine ›Fesseln‹.

Der Belegschaft von der Intensivstation konnten wir gestern kleine Buchgeschenke vorbeibringen. Wir wünschen uns so sehr, dass das Personal etwas von dem Wunder an Gabi erfasst hat und in eine persönliche Beziehung zu Gott treten will.

Gabriele & Andreas

IHR LIEBEN. Heiligabend unterrichtete mich ein Freund von dem schlimmen Krankheitszustand Gabis. Tief betroffen haben wir aus der Ferne eure Situation vor den Herrn gebracht.
Ich muss gestehen, dass ich wegen dieser schweren Belastung für euch stark mit dem Herrn »gehadert« habe (menschliches Unverständnis). Unsagbar dankbar waren wir, als die Wunder Gottes an euch erlebbar wurden.

Meine Bibellese zurzeit sagt:

»Bei IHM ist Weisheit und Stärke, sein ist Rat und Verstand!« Hiob 12,13
Eigenschaften, die wir kleinen Geschöpfe nur staunend und bewundernd immer wieder anerkennen und annehmen dürfen. Ich wünsche weiterhin Kraft und Stärke, diese Zeit zu durchleben.

»Ja, er kennt euren Weg, wenn er euch prüft, so werdet ihr wie Gold hervorgehen!« Hiob 23,10

In weiterer Fürbitte, in fester
und treuer Verbundenheit grüße ich
herzlichst, D. H.

Mittwoch, 12. Januar 2005

№18

»Vielen bin ich wie ein Wunder;
du aber bist meine starke Zuflucht!«

Psalm 71,7

LIEBE FREUNDE UND BETER. Unsere Mails kommen leider lückenhafter. Ihr merkt: Der Alltag hat uns wieder ein Stück verschlungen. Tja, um Finanzamt, Autowerkstatt und Grundschule kommen wir auch 2005 nicht herum. Dennoch möchten wir euch sehr gerne auf dem Laufenden halten.

Gestern Nachmittag durften Talitha und Nathan mit mir nach Duisburg fahren. Die Kinder waren viel entspannter und reagierten ganz natürlich auf ihre Mutter. Es war eine große Freude zu beobachten, wie sie in ihrer Mama-Bedürftigkeit Gabi einfach nur guttun.

Gabrieles Arm schmerzt noch immer. Die verpflanzte Haut ist zu 90 % verwachsen. Eine offene Stelle macht Gabi noch zu schaffen. Im Innern der durchtrennten Muskelpartien sind ihre Blut- und Lymphbahnen auf Pfadfinderschaft. Ihre Linke ist fingerweise bandagiert, leicht geschwollen und muss alle Handgriffe noch mal von vorn lernen. Dazu ist ein großer Aufwand an Bewegungstherapie und gezielter Pflege nötig. Sie trägt jetzt öfters eine speziell angefertigte Trainings-Prothese, mit der sie Fingerübungen machen muss. Es kostet sie viel Geduld und Kraft, aber bei alledem ist sie zunehmend erleichtert.

Gabriele kann ihr Antibiotikum allmählich absetzen. Auf der (Normal-)Station traf sie einen Mann wieder, der während ihrer kritischsten Zeit als Intensiv-Patient vorübergehend im gleichen Raum lag. Er berichtete, dass öfters ein Pulk Ärzte ratlos und tief besorgt um Gabis Bett stand und seine Freundin für Gabi »Kerzen anzünden ging«. Er selbst habe wegen ihr wieder beten gelernt ...

Ein herangezogener Internist gestand Gabriele gestern, dass er ihretwegen etliche schlaflose Momente durchlebt habe. Er hatte Zweifel, ob sie die Station lebend verlassen würde.

Je mehr wir die Brisanz ihres Zustands während der Weihnachtstage erfassen, desto verWUNDERter sind wir über den Umschwung in ihrer Verfassung.

Gabrieles neue Zimmernachbarin ist etwa gleich alt und hat eine vergleichbare Einschränkung. Sie hat eine üble Schnittverletzung an der Hand. Gestern registrierte sie mit Verwunderung unseren Umgang untereinander, die Natürlichkeit eines Gebetes und Gabis Glauben. Seitdem löchert sie Gabi mit Fragen. Vorhin meinte sie zu meiner Frau: »Ich glaube, ich bin nur hier, damit ich dir begegne, um Gott kennenzulernen.« Möge es so sein!

In Liebe *Andreas*

»Mein Mund
soll erzählen deine Gerechtigkeit,
dein Retten den ganzen Tag.
Denn ich kenne ihre Zahl nicht.
Ich will kommen mit den Machttaten des Herrn.
Ich will preisen deine Gerechtigkeit.
Du hast mich unterwiesen
von meiner Jugend an,
und bis hierher verkündige ich
deine Wundertaten.«

— Psalm 71,15-17 —

BITTE NICHT: »RETTE MICH«
BETE: »VERHERRLICHE DICH«
DENN SO TAT ES UNSER HERR!

— nach Johannes 12,27 —

Sonntag, 16. Januar 2005

№ 19

»Mein Angesicht wird mitgehen und dich zur Ruhe bringen.«

2. Mose 33,14

IHR LIEBEN. Heute ist der vierte Sonntag, den Gabi nicht beim Gottesdienst sein konnte. Vorhin erinnerte ich mich lebhaft an den ersten dieser Sonntage, den 4. Advent – Gabrieles erster Tag im Krankenhaus. Ihr Arm schwoll zusehends an und wirkte immer bedrohlicher. Der behandelnde Arzt aus Attendorn eröffnete uns nüchtern: »Wenn der Arm nicht innerhalb zwei Stunden abschwillt, mussen wir ihn aufschneiden. Ich habe jetzt noch eine OP vor mir. Danach sehe ich mir den Arm noch mal an. Bitte füllen Sie schon mal den Narkose-Fragebogen aus.«

Gabriele war so in Qualen und abgekämpft, dass ihr alles recht war, wenn nur dieser rasende Schmerz gestoppt würde. Mir war das ganz und gar nicht recht. Mit kaltem Schweiß auf der Stirn beugte ich mich über das Krankenbett meiner Frau und betete: »Herr, Du hast gesagt, *›wenn ihr Glauben habt wie ein Senfkorn, so werdet ihr zu diesem Berg sagen: Hebe dich weg von* *hier dorthin! Und er wird sich hinwegheben. Und nichts wird euch unmöglich sein‹* (Matthäus 17,20). Herr, mein Glaube ist klein, aber du bist groß. Bitte nimm diesen monströs geschwollenen Arm und hebe das Problem auf: Hebe diesen ›Berg‹ von seiner Stelle. Wir glauben, dass du das ohne Operation kannst.«

Zwei Stunden später hockte ich wie betäubt auf dem Fußboden vor dem OP-Bereich. Gabis Arm hatte sich weiter verschlimmert. Gerade hatte sich die Flügeltür zum OP-Saal hinter ihrem Bett geschlossen. Der Eingriff war unumgänglich geworden. Wie sollte ich das einsortieren? Was taugte mein Glaube? Erst später gingen mir zwei Dinge auf:

Was ich für einen Gipfel hielt, war nur der Aufstieg. Manche unserer vermeintlichen Berge sind Zwerge. Manchmal müssen sich Schwierigkeiten zu Ausweglosigkeiten auftürmen, ehe Gott einschreitet. Oft dient es seiner Herrlichkeit mehr, wenn Petrus schon *sinkt*[1] und Lazarus schon *stinkt*[2]. Dann hängt alles allein von Ihm ab und nichts mehr von uns. Soli Deo gloria! (1: Mt 14,30; 2: Joh 11,39)

Was ich übersehen hatte, war der Plural: Wenn IHR glaubt, werdet IHR (beten) und nichts wird EUCH unmöglich sein. Gott wollte, dass wir mit vielen Betern zusammengefügt würden. Wie der Gelähmte von mehreren Freunden vor Jesus geschleppt wurde und nicht nur von einem, so hat er gewiss auch im Fall von Gabi den Glauben der vielen sehen und erhören wollen.

In einer Postkarte, die uns Freunde schickten, stand:

»Gott kann beides. Er kann Sturm und Wellen gebieten, dass SIE augenblicklich ruhig werden. Oder er kann UNS mitten in Sturm und Wellen ruhig machen, dass wir uns nicht fürchten!«

Genau das hat er getan. Wir konnten unsere Herzen vor ihm zur Ruhe bringen, weil er größer ist als unser Herz und jeder Berg!

»Wir werden vor ihm
unsere Herzen zur Ruhe bringen, dass,
wenn unser Herz uns verurteilt,
Gott größer ist als unser Herz und alles kennt.«

1. Johannes 3,19.20

Zum aktuellen Gesundheits-Zustand:

Gabi wird noch eine ganze Weile in der Duisburger Klinik bleiben müssen. Ihre linke Hand ist noch immer durch starke Schwellungen beeinträchtigt. Betet dafür, dass sie abschwillt und die Lymphflüssigkeit frei fließt. Nach Ansicht der Ärzte sind die momentanen Stauungen zu erwartende Vorgänge. Etwa 10 Prozent der transplantierten Haut in der Armbeuge sind nicht angewachsen. Es besteht aber Hoffnung, dass die offene Stelle von den Rändern her zuwächst. Ihr Oberschenkel als Hautspender ist hervorragend abgeheilt. Dafür sind wir sehr dankbar.

Gabis Appetit ist zurückgekehrt und sie besitzt (abgesehen vom Arm) volle Mobilität. Die täglichen Bewegungstherapien führen in winzigen Schritten voran.

Betet dafür, dass Gabi die Geduld behält. Ihre Bettnachbarin wurde am Freitag verlegt. Stattdessen kam jetzt eine 8-jährige Armenierin auf ihr Zimmer. Dieses kleine Würmchen braucht ganz viel Zuwendung und Nähe. Die Süße ist seit August(!) ganz allein zur Behandlung schlimmer Verbrennungen und Verwachsungen in Deutschland.

Betet dafür, dass Gabi gut mit ihr umgeht und sich nicht mit ihr verausgabt (was ich befürchte).

Unsere eigenen drei Kinder sind bei alledem noch immer fröhlich und dank der Unterstützung meiner Eltern auch hier in Schoppen sehr gut aufgehoben.

In Liebe *Andreas*

Donnerstag, 27. Januar 2005

№20

»Meine Stimme ruft zu Gott, und ich will schreien.
Meine Hand war des Nachts ausgestreckt
und ließ nicht ab ... Im Meer ist dein Weg,
und deine Pfade in großen Wassern,
und deine Fußstapfen sind NICHT bekannt.
ABER – du hast dein Volk geleitet wie eine Herde.«

Psalm 77,2.20

LIEBE FREUNDE. Wenn ihr mit Gabriele etwas mitfühlen wollt, dann lest bitte den 77. Psalm. Er drückt so treffend aus, was unsere Herzen empfinden.

Heute wurde Gabis Arm erneut operiert. Der Eingriff dauerte fast zwei Stunden. Gabi hatte danach schreckliche Schmerzen. Erst am Nachmittag fand der behandelnde Arzt die Gelegenheit, mit uns über die OP zu reden. Er wirkte zerknirscht und sagte geradeheraus:

»Ich kann Ihnen nichts vormachen. Sie lesen es in meinem Gesicht. Der Arm gefällt mir gar nicht. Es sieht nicht gut aus. Zu viel Muskelgewebe ist von dem zurückliegenden Streptokokken-Befall abgetötet.«

Am Arm wurden Eiterherde entfernt. Die Muskelstränge darunter können die Finger nicht mehr strecken. Es ist nach ärztlicher Einschätzung davon auszugehen, dass der linke Arm wegen der immensen Schädigung unkontrollierbar bleibt oder abgenommen werden muss. Zunächst stehen für Montag und Donnerstag weitere OPs auf dem Programm der Klinik.

Gabi sagte mir vorhin: »Andreas, ich las heute lange in Psalm 77: ›*Gottes Weg ist im Heiligtum*‹. Seine Pläne für mich werden also in der Ewigkeit am unbeschreiblichsten Ort des Universums entworfen. Wer sind wir, dass wir diesen Weg verstehen könnten? Er ist uns viel zu hoch. Dafür sind wir viel zu begrenzt. Sieh nur, wie der Psalm endet: ›*Durch das Meer führt dein Weg … wie eine Herde hast du dein Volk geleitet.*‹ – Ja, wir sehen jetzt nur die Unterseite seiner Webarbeit.«

Bitte betet dafür, dass meine kleine tapfere Frau nicht mutlos wird – dass sie sich im quälenden Alleinsein getragen weiß und dass wir alle *»auf dem Weg durch tiefe Wasser seine Fußspuren erkennen«* (Vers 21). Wir sind euch durch alle Gebete und Grüße der zurückliegenden Zeit sehr verbunden.

Gottes Weg ist in den Flüssen
und in großen Wassergüssen,
und du spürst nicht seinen Fuß.
So auch in dem Meer der Sorgen
hält Gott seinen Pfad verborgen,
dass man nach ihm suchen muss.

LIEBER ANDI, LIEBE GABRIELE,

ganz lieben herzlichen Dank für die Mails, die uns selbst ermutigt haben.

Wir lasen gerade im Buch Jesaja. Dabei wurde uns deutlich, wie wichtig es ist, nicht unbedingt alles zu verstehen und auf alle Fragen eine Antwort zu haben, aber über allem die richtige Sichtweise über die Souveränität und Allmacht Gottes zu bekommen und zugleich über die Vergänglichkeit des Menschen:

»Warum sagst du, Jakob, und sprichst du, Israel: Mein Weg ist verborgen vor dem HERRN, und meinem Gott entgeht mein Recht? Hast du es nicht erkannt, oder hast du es nicht gehört? Ein ewiger Gott ist der HERR, der Schöpfer der Enden der Erde. Er ermüdet nicht und ermattet nicht, unergründlich ist seine Einsicht. Er gibt dem Müden Kraft, und dem Ohnmächtigen mehrt er die Stärke. Jünglinge ermüden und ermatten, und junge Männer straucheln und stürzen. Aber die auf den HERRN hoffen, gewinnen neue Kraft: Sie heben die Schwingen empor wie die Adler: Sie laufen und ermatten nicht, sie gehen und ermüden nicht.«

Jesaja 40,27-31

Ganz liebe Grüße S. + H.-J. H.

Freitag, 28. Januar 2005

№21

»Manchmal mutet Gott uns zu, was er hasst, um zu erreichen, was er liebt!«

Joni Eareckson Tada

LIEBE FREUNDE, heute war Gabis Arm fast schmerzfrei. Anscheinend hat die Entfernung des eitrigen Gewebes sie sehr entlastet. Dadurch war es ihr viel leichter, sich in die schwierige Situation einzufinden. Dennoch wurde gleich für morgen eine weitere Operation unter Narkose festgelegt. Am Handrücken sind noch zwei bedenkliche Stellen, die dringend behandelt werden müssen. Ich war den ganzen Donnerstag und auch den gesamten Freitag bei ihr. Es war eine gute und erfüllte Zeit für uns beide. Wir machten uns bewusst, dass der gesamte mysteriöse Verlauf der Erkrankung nie in unserer Macht stand. Gott hält alles unter seiner Kontrolle! Wir sind getrost. Ich bin jetzt zu müde für nähere Erörterungen – nur so viel möchten wir noch weitergeben: Wir haben bereits viele Tränen des Glücks geweint, wenn wir von den Auswirkungen dieser Krankheitszeit erfahren durften. Wir sind gewiss, dass jeder, der im Leid an Ihm festhält, mit Jubel ernten wird!

Noch blicken wir durch trübe Spiegel.
Noch buchstabieren wir sein Wort.
Doch nimmt das Lamm das letzte Siegel
vor unsern Augen noch nicht fort.

Noch müssen Weizenkörner sterben.
Noch wird kein Unkraut abgemäht.
Doch während Felder sich verfärben
wird weiter Samen ausgesät.

Noch fehlen unserem Bild die Farben.
Noch späh'n wir nach dem Morgenstern.
Noch steh'n die Felder ohne Garben.
Noch warten wir auf unsern Herrn.

Noch schaut die Braut durch einen Schleier.
Noch scheint ihr Bräutigam weit fort.
Noch steht sie aus – die Hochzeitsfeier.
Noch steht der Herr in seinem Wort.

Noch sind wir in uns selbst gefangen.
Noch bleiben Fragen ungelöst.
Noch prägt uns Lauheit statt Verlangen.
Noch sind Erlöste nicht erlöst.

Noch tragen wir die alten Narben.
Noch trocknen unsre Tränen nicht.
Doch bald trägt er uns wie die Garben
voll Erntefreude in sein Licht.

Bald holt er heim, die er versiegelt,
die er mit seinem Blut bezahlt,
in denen er sich widerspiegelt
in Herrlichkeit: »Herr, komme bald!«

Dieses Gedicht entstand in unserem letzten Familienurlaub. Es hat für uns in diesen Tagen noch viel mehr an Tiefe gewonnen.

In Liebe *Gabi & Andreas*

»Die mit Tränen säen, werden mit Jubel ernten.«

Ps 126,5

LIEBE FETTIS! Wie geht es euch heute? Irgendwie erinnert mich das an Hiob. Alles kommt so plötzlich. Man muss mit einer völlig neuen Lebenssituation fertig werden. Gut zu wissen:

»Denn er bereitet Schmerz und verbindet,
er zerschlägt, und seine Hände heilen.«

Hiob 5,18

»Doch ich weiß: Mein Erlöser lebt; und als Letztes
wird er über dem Staub stehen.«

Hiob 19,25

Samstag, 29. Januar 2005

№22

»Er hat uns aus so großer Todesgefahr gerettet
und rettet uns noch; und wir hoffen auf ihn,
dass er uns auch ferner retten wird,
wobei auch ihr mitwirkt durch eure Fürbitte.«

2. Korinther 1,10-11

IHR LIEBEN. Heute gegen 11 Uhr musste Gabrieles Arm amputiert werden. Es blieb für die Ärzte keine andere Wahl. Das tiefer liegende Muskelgewebe war so verheerend geschädigt, dass sofort gehandelt werden musste. Aber Gabi ist wohlauf. Gleich nach der 2-stündigen Radikal-OP war sie ansprechbar und gefasst; *»behütet und getröstet wunderbar«*. Sie gab dem Operateur zu verstehen, dass es für ihn bestimmt nicht leicht war, das tun zu müssen, und sie bedankte sich!

Die Entschlossenheit ersparte ihr zwei, drei grässlich-grüblerische Tage, denn erst am Montag sollte die endgültige Entscheidung fallen. Nun haben wir eine ganz andere Ausgangslage. Und wir sind dankbar.

Natürlich überschauen wir noch nicht die volle Tragweite der Einbuße eines Armes, aber wir wissen genau, *»dass er uns auch ferner retten wird«* ...

Sowohl Sonntag als auch Montag sind weitere OPs fällig, um den verbliebenen Oberarmstumpf zu versorgen. Bitte betet um Gelingen.

ER ist ein Fels, ein sichrer Hort,
und Wunder sollen schauen,
die sich auf Sein wahrhaftig Wort
verlassen und Ihm trauen.
Er hat's gesagt, und darauf wagt
mein Herz es froh und unverzagt
und lässt sich gar nicht grauen.

Ja, wenn's am schlimmsten um mich steht,
freu ich mich Seiner Pflege.
Ich weiß, die Wege, die ER geht,
sind lauter Wunderwege.
Was böse scheint, ist gut gemeint;
ER ist doch nimmermehr mein Feind
und gibt nur Liebesschläge.

Und was ER mit mir machen will,
ist alles mir gelegen;
ich halte IHM im Glauben still
und hoff auf Seinen Segen;
denn was ER tut, ist immer gut,
und wer von IHM behütet ruht,
ist sicher allerwegen.

Philipp Spitta

Gabriele ist unglaublich stark. Aber betet, dass ihr seelisches Gleichgewicht nicht kippt. Betet, dass es zu keiner postoperativen Depression kommt. Betet, dass ihr Phantomschmerz durch eine Nervenbehandlung, die morgen erfolgen soll, unterbunden wird. Betet, dass der hohe Blutverlust schnell ausgeglichen ist. Und dankt, dass wir unter Seinen starken Fittichen keinen Augenblick ungeschützt waren!

Wir preisen Gott für das, was er spürbar an uns tut. Wir wollen uns vor Augen führen, wie viele Menschen mit weitaus schlimmeren Verlusten ohne Glaube, Liebe und Hoffnung zurechtkommen müssen.

In großer Bewunderung meiner Frau grüßt

Andreas

»Deshalb lassen wir uns von dem, was uns zurzeit so sichtbar bedrängt, nicht ablenken, sondern wir richten unseren Blick auf Gottes neue Welt, auch wenn sie noch unsichtbar ist. Denn das Sichtbare vergeht, doch das Unsichtbare bleibt ewig. Das wissen wir: Wenn unser Leib einmal zerfallen wird wie eine baufällige Hütte, werden wir einen neuen Leib erhalten, ein festes Haus, das nicht von Menschen errichtet ist. Gott hält es im Himmel für uns bereit, ein Haus, das ewig bleibt.«

nach 2. Korinther 5

»Gott legt uns eine Last auf, aber er hilft uns auch.«

Psalm 68,20

MEIN LIEBER ANDI, MEIN BESTER FREUND. Die Nachricht von Gabi hat uns zutiefst bewegt. Welch ein Wechselbad von Hoffen und Bangen, von Freude und Bestürzung. Oh, Andi, für uns ist es unbegreiflich, dass Gott, dem wir gehören, dem wir vertrauen, dem wir uns anvertraut haben, euch auf die Probe stellt. Mir fehlen die Worte, ich weiß keine Antwort. Wir können uns nur Gott überlassen, ganz in seine Hände legen, Hilfe erwarten, Trost empfangen.

Uns als Familie führt es immer wieder ins Gebet. Auch die Kinder bringen ihre kindlichen Gedanken vor Gott. Sie lernen und begreifen, wie wir uns in unserer Not an ihn wenden und dass Gott manche Gebete ganz anders beantwortet, als wir es erwarten.

Lieber Andi, ich las einen Satz als Ermutigung für euch: Tränen des Zerbruchs sind die Vorboten göttlicher Segnungen.

In Liebe & tiefer Verbundenheit M.+ P.

Sonntag, 30. Januar 2005

№23

IHR LIEBEN, gerade rief mich Gabi von der Intensivstation aus an. Es geht ihr weiter gut. Sie hat keine Depressionen und keine schrecklichen Schmerzen. Ich soll herzliche Grüße an euch alle ausrichten und euch auf das Vorrecht aufmerksam machen, heute unter Geschwistern den Herrn anbeten zu können. Sie fühlt sich uns sehr verbunden.

Gabi hat die ganze Nacht Durst gelitten, um zur OP nüchtern zu sein (das Intensiv-Zimmer war wegen eines Verbrennungsopfers auf 30 Grad geheizt). Nun konnte sie doch trinken, weil der Eingriff auf morgen vertagt ist.

Für diesen Sonntag darf sie auf Normalstation (zu ihrer kleinen Schenja – der Armenierin). Das wird beiden sehr guttun. Wir sind für das Weitere sehr ermutigt. Gestern Abend gab es wieder eine Gebetsversammlung in Schoppen, u. a. für Gabi. Danke für jedes Mittragen.

In Liebe *Andreas*

Freunde schickten uns in diesen Tagen folgendes Gedicht. Es hat uns sehr ermutigt:

Ersparst
Du mir auch manche Prüfung nicht,
lässt Du mich gar auf harten Wegen schreiten,
so bist Du doch im Dunkel, HERR, mein Licht,
und Deine Liebe tröstet mich im Leiden.

Der Not
bestimmst Du selber, HERR, das Maß,
und Deine Gnade setzt dem Leid die Schranken.
Noch niemals Deine Treue mich vergaß.
HERR, wie viel Grund, von Herzen Dir zu danken!

Ich weiß
mich ja von Deiner Hand geführt,
verschlungen sind zwar oftmals Deine Wege.
Dir völlig zu vertrauen mir gebührt,
und dass nicht Argwohn ich im Innern hege.

Ein Tag,
umstrahlt vom Licht der Ewigkeit,
wird mir es deutlich offenbaren,
dass Du mich recht geführt in dieser Zeit
und dass vollkommen Deine Wege waren.

P. Waltersbacher

LIEBER ANDREAS, LIEBE GABRIELE!

Es fällt uns sehr schwer, in Worte fassen und ausdrücken zu können, was uns in Bezug auf euch bewegt! Der Verlauf der vergangenen Tage ist ein anderer, als wir es persönlich erhofft hatten. Aber wir sind in allem getröstet, weil wir wissen, dass der Herr keine Fehler macht. Wir möchten dem Herrn dankbar dafür sein, dass er dir (und uns allen) Gabi wieder geschenkt hat. Ganz neu geschenkt hat, das ist so viel Grund zur Dankbarkeit unserem Herrn gegenüber, denn es war SEIN Eingreifen! Wir sind sooo froh darüber!

Wir möchten euch auch sagen, wie sehr wir in den letzten Wochen profitiert haben! Wir sind so ermutigt, herausgefordert, gestärkt, ermahnt, angespornt, auf den Herrn geworfen worden, was euer Vertrauen betrifft! Und wir wissen, dass es nicht nur uns so geht, sondern auch anderen Geschwistern. Danke für alles Mitteilen, für jeden kostbaren Gedanken, Worte, Liedverse, Zeugnisse, Begegnungen mit Menschen …

In allem sehen und lesen wir, wie der Herr mit euch ist, führt, handelt und euch und ihr ihm nahe seid.

Wir sind tief berührt und weinten, wie Gabi auf die Nachricht des Arztes mit dem Zitat aus Psalm 77 reagiert hat!

Wir dürfen sehen, wie wunderschön Gabi nicht nur äußerlich ist, sondern auch an ihrem inwendigen Menschen, was dem Herrn so viel bedeutet und Ehre macht. Wir sind dankbar darüber, dass eure Liebe in diesen Umständen zueinander noch tiefer, reifer, noch mehr gewachsen ist!

Wir glauben, dass eure Annahme des herben Verlustes die Liebe Jesu ganz groß machen wird! Wir sehen, wie der Herr Menschen zueinander führt. Wir wissen, dass der Herr durch seine Führung mit euch durch die Gebete vieler Geschwister viel Ehre bekommen hat und weiter bekommen wird …

Wir möchten uns unter seine Führung beugen und nicht ablassen, weiter für euch zu beten! In Liebe J. + R. K.

Montag, 31. Januar 2005

№24

IHR LIEBEN. Der gestrige Sonntag war wunderschön für uns. Ich traf meine Frau mit guter Gesichtsfarbe und Appetit an. Dennoch lauert in ihr die stille Sorge, dass eine versteckte Infektion wieder die Bedrohung von Neuem aufbrechen lässt. Heute wird ihr Armstumpf weiterbehandelt. Ebenso ist die kleine Schenja für eine Operation vorgesehen. Betet für sie. Ich staune über Gabis Verfassung und Freude. Wir sind uns erneut einander geschenkt und erleben einen Vor-Frühling!

Das ist das größte Wunder nicht,
das unser Herr uns tut,
wenn Er mit starker Hand zerbricht,
ein Leid, das auf uns ruht.
Wenn Er von Grimm, der an uns zehrt,
von Krankheit, die den Leib verheert,
allmächtig uns erlöste –
das ist noch nicht das Größte!

Doch wenn den Dorn im Fleisch Er lässt,
in Schwachheit stark uns geh'n;
das Wörtchen ›dennoch‹ halten fest,
Vertrauen ohne Sehen;
wenn Er uns lehrt das Murren flieh'n,

mit Kindesblick nur bitten Ihn,
dass er uns förd're, tröste –
DAS Wunder ist das größte!

Verfasser unbekannt

Es geht nicht um unseren Machbarkeits-Glauben, sondern um das getroste Fügen in Gottes liebevolle Absicht mit uns allen.

»Aber in diesem allen sind wir mehr als Überwinder durch den, der uns geliebt hat. Denn ich bin überzeugt, dass weder Tod noch Leben, weder Engel noch Fürstentümer, weder Gegenwärtiges noch Zukünftiges, noch Gewalten, weder Höhe noch Tiefe, noch irgendein anderes Geschöpf uns scheiden kann von der Liebe Gottes, die in Christus Jesus ist, unserem Herrn.«

Römer 8,37-38

»Mehr als Überwinder sein« heißt, nicht nur Widrigkeiten zu meistern, sondern sie in Siege umzuwandeln – zu Gottes Ehre. Ich sehe schon im Geiste meine einarmige Frau im Gespräch mit ähnlich Eingeschränkten. Was wird diese triumphierende Annahme des herben Verlustes die Liebe Jesu groß machen. Ich freue mich so, dass unser Herr uns bald mit seiner durchbohrt gebliebenen Hand berührt! Das wird das ewige Zeichen seines Überwindens für uns und seiner Liebe zu uns bleiben.

In Liebe *Andreas*

Mittwoch, 2. Februar 2005

№25

IHR LIEBEN. Nach zwei Tagen Zwischenaufenthalt in Düsseldorf (und Duisburg) melde ich mich wieder aus Schoppen zurück. Die drei Kinder sind noch immer dort bei den Großeltern. Wenn ihr diese Mail öffnet, liegt eine weitere OP hinter Gabi. Sie soll am Donnerstag-Vormittag weiterbehandelt werden. Der linke Oberarm, von dem etwa 2/3 erhalten sind, soll nach der offenen Amputation verschlossen werden und eine prothesentaugliche Form gewinnen. Übrigens: Gabi ist Rechtshänderin! Ja – und sie könnte ihren gelernten Beruf (Lehrerin) immer noch ausüben! Und ihre Kinder können sich schon alle allein die Schuhe binden, Brote schmieren, Zöpfe flechten!

Vor den OPs hat sie keine Ängste (mehr). Der Armstumpf bereitet ihr nicht mehr so starke Schmerzen. Sie erhält 4-mal täglich Schmerzmittel per Infusion, die sie gut verträgt. Deshalb konnten sie auch auf den riskanten Phantomschmerzeingriff am Hals verzichten.

Zwischen den Infusionen und therapeutischen Anwendungen schlendern wir über die Krankenhausflure und genießen die Zeit zu zweit. Ich bin so glücklich mit meiner lädierten ›Venus von Milet‹.

Heute Abend redeten wir mit einem sehr aufgeschlossenen Dachdecker, der nach einem Sturz behandelt wird. Wir gaben ihm das Buch ›Sehnsucht der Betrogenen‹ und plauderten. Irgendwann erwähnte er, dass ihm ein gewisser Daniel gerade heute ein Neues Testament geschenkt habe ... Sofort fahndeten wir nach dem Schriftenmissionar und lernten ihn bereits fünf Minuten später kennen. Er liegt ein paar Zimmer neben Gabi und bildet eine wunderbare ›Brücke‹ zwischen dem Handwerker und Gabi: Daniel ist einerseits ein gestürzter Dachdecker aus Wuppertal und andererseits ein junger Christ aus einer Brüdergemeinde! Herrlich.

Es hat Gabi sehr, sehr ermutigt, dass Daniel danach zu uns ins Zimmer kam. Zu dritt sangen wir auf dem Zimmer zur Gitarre, tauschten uns aus und beteten gemeinsam (die kleine Schenja kriegt was geboten). Währenddessen rollte ein gewisser Kai im Rollstuhl herbei und sperrte die Ohren auf.

Tja, es geht hier zu wie in den Säulenhallen Bethesdas (vgl. Johannes 5). Dutzende gelangweilter Kranker ›haben keinen Menschen‹ und warten auf den heilsamen ›Anstoß‹. Hoffentlich geben wir ihnen diesen Schubs Richtung ›Wasser des Lebens‹! So, ich brauche jetzt keinen Stups mehr, um ins Bett zu fallen.

In Liebe *Andreas*

Donnerstag 3. Februar 2005

№26

»Der Mensch wird gezüchtigt durch Schmerzen auf seinem Lager ... Sein Leben verabscheut das Brot, und seine Seele die Lieblingsspeise. Sein Leib vergeht und ist unansehnlich. Seine Seele nähert sich der Grube, und sein Leben den Todesboten. Wenn er da einen Engel bei sich hat, einen Mittler ... so wird er sich über ihn erbarmen und sprechen: ›Befreie ihn, dass er nicht in die Grube hinabfährt. Ich habe Lösegeld für ihn gefunden.‹ Sein Fleisch wird frischer sein als in der Jugendkraft. Er wird zurückkehren zu den Tagen seiner Jugend. Er wird zu Gott flehen, und Gott wird ihn gnädig annehmen, und er darf sein Angesicht schauen mit Jubel.«

Hiob 33,19-26

IHR LIEBEN. Auf diesen Abschnitt stieß Gabi bei ihrer Bibellese. Sie fand ihn für sich sehr zutreffend. Der verheißungsvolle Schluss bewahrheitet sich gerade bei ihr. Es geht ihr wirklich gut. Sie ist fröhlich und tatsächlich dankbar.

Am Montag soll eine formgebende OP am Armstumpf durchgeführt werden. Dazu muss auch wieder Eigenhaut transplantiert werden, um die Trennungsstelle zu verschließen. Die letzte OP war dagegen eine geringfügige Maßnahme. Betet mit dafür, dass keine Bakterien in ihrem Körper verbleiben und sie den gesamten Eingriff gut übersteht.

Vorhin meinte sie: »Es ist wunderbar, zu sehen und zu spüren, wenn Kinder Gottes in einer Sache eins werden – und es ist mir unangenehm, aber auch sehr wertvoll, diese ›Sache‹ zu sein.«

Durch Gottes Gnade haben wir ohne Zutun eine Familienhilfe für die Übergangs- und Umgewöhnungszeit gefunden. Dafür sind wir sehr dankbar.

In Liebe *Andreas*

LIEBE GABI, LIEBER ANDREAS!

»Nehmt Anteil an den Nöten der Heiligen.
Freut euch mit den Fröhlichen,
weint mit den Weinenden!«

Römer 12,15

Wir waren sehr erschüttert über den Verlauf von Gabis Krankheit und sind trotzdem froh, dass es ihr doch den Umständen entsprechend gut geht. Jetzt wollte ich einfach mal fragen, ob ihr Hilfe braucht, jemanden, der sich um Haushalt und Kinder kümmert und auch sonst mithilft, bei allem, was so anfällt.

Ich bin nämlich bald mit meiner Ausbildung fertig und hätte die Möglichkeit, meinen Arbeitsbeginn nach hinten zu verschieben. Wenn ihr jetzt also sagt, das wäre schön, wir könnten jemand brauchen, dann wäre ich gerne bereit, nach Schoppen zu kommen und mit anzupacken. Ich wollte es euch einfach mal anbieten, weil ich in dem glücklichen Umstand bin, dass ich frei wäre. Vielleicht ist das ja kein Zufall.

Ich wäre froh, wenn ihr mir noch diese Woche Bescheid geben könntet, da ich sonst einen Arbeitsvertrag unterschreiben muss. Euch allen ganz viel Mut und Kraft von oben!

Im HERRN verbunden, T. E.

Zum Schmunzeln: Unser Sohn Nathan erzählte zum Wochenbeginn in seiner Grundschul-Klasse:

»Meine Mama ist immer noch im Krankenhaus.
Jetzt hat ein Arzt ihr den Arm ›abmontiert‹.
Seitdem geht es ihr aber viel besser.«

LIEBER ANDREAS UND LIEBE GABI,

»Es ist nicht der Kritiker, der zählt; nicht derjenige, der auf die Augenblicke weist, in denen der Tatkräftige es noch besser hätte machen können. Die Anerkennung gehört dem Menschen, der tatsächlich in der Arena steht, der im besten Fall den Triumph einer großen Errungenschaft kennenlernt und der im schlechtesten Fall bei dem Versuch versagt, Großes zu tun. Dieser Ort wird nie den kalten engen Seelen gehören, die weder Sieg noch Verlust kennen.« Theodore Roosevelt

Ob ihr es wollt oder nicht – ihr habt eine ›Arena‹ um euch – durch die Offenheit eurer E-Mails. Dadurch, dass wir in euer Herz hineinsehen können und mitfiebern. Ihr seid zu verwundeten, aber überwindenden ›Gladiatoren‹ geworden. Neue Errungenschaften des Glaubens. Wir sehen durch euch das Bild des großen Vorkämpfers schimmern: Der den größten Sieg errang, als er ohnmächtig beide Arme ausstreckte. Vielen Dank. Wir sind so froh, diesen Mann am Kreuz zu kennen, bei dem wir schwach sein können. Wir sind sehr froh, in der Liebe zu Jesus verbunden zu sein. Eure C. + F.

Was wissen wir von Gottes Willen?
Wer hat denn Gott in seiner Hand?
Er kann versagen, kann erfüllen,
zerbrechen, was so sicher stand.
Gott will oft anders, als wir wollen,
führt statt ins Licht in dunkle Stollen.

Was wissen wir von Gottes Wegen,
wenn uns das Wunder nicht geschah,
um das wir hart ihm angelegen?
Denkst du, dass er dich übersah?
Uns bleibt das Stillesein und Schweigen.
In Demut unsere Knie sich beugen.

Verfasser unbekannt

MEINE LIEBE GABI! Du bist so tapfer. Gottes allumfassende Hand wird Deine ersetzen. Deine Gaben und Talente werden sich etwas verlagern, aber nicht weniger zur Anwendung kommen.

Du wirst vieles mit anderen Augen sehen, aber sie werden nicht weniger strahlend auf den anderen gerichtet sein. Dein warmes Herz und dein liebenswertes Lächeln wird noch mehr dem Hilflosen und Verzagten zugewandt sein. Du liebes tapferes Frauchen. Deine E.

LIEBE GABI! Ich will alles, alles Gute nicht in erster Linie von Menschen erwarten. Ich will auf den Gott sehen, der sich schauen lässt, der auf mein Gebet hört und antwortet. Und wenn die erwünschte Antwort auf sich warten lässt, will ich auf ihn harren, mehr als der Wächter auf den Morgen. Ich will meine Zuversicht nicht wegwerfen, bis er kommt in strahlendem Licht. Bis ich juble, weil ER Wort gehalten hat. Dann sagen wir nur: Ich wusste es. ER ist treu. Eine, die dich liebt

IHR LIEBEN ANDREAS UND GABI!

Bevor ich zu Bett gehe, umarme ich euch fest in Gedanken. Wir sind tagsüber sehr oft im Gebet mit euch verbunden und ehrlich gesagt fasziniert, wie Gott euch trägt, wie ihr auch in der Verzweiflung mutig und freudig (scheint widersprüchlich, ihr versteht aber, was ich meine) Seinen Weg für euch annehmt.

Gestern Abend schickte ich eure letzte Nachricht an liebe Geschwister unserer

Gemeinde (Jochen und Rita E.). Heute Morgen rief mich Rita an und sagte:

»Als Jochen mich von der Arbeit aus anrief und mir kurz erzählte, dass eine Amputation nötig wurde, musste ich weinen. Wir waren am Frühstücken, und Josias (knapp 5) fragte mich: ›Mama, warum weinst du denn so?‹ Ich antwortete: ›Weil Gabi ihren Arm verloren hat!‹ Josias sagte: ›Aber Mama, wenn sie im Himmel ist, dann bekommt sie doch einen ganz neuen Arm, oder?‹ Ist es nicht herrlich, wie einfach und tiefsinnig Kinder reagieren?«

Ich wollte es euch einfach weitersagen. Übrigens lassen sie euch auch ganz ganz lieb grüßen, ich weiß, dass sie auch täglich für euch beten. Alles Liebe, in Ihm verbunden,
eure V. S.

Liebe lässt los – Selbstsucht hält fest
Liebe hat Zeit – Selbstsucht will jetzt
Liebe gibt ab – Selbstsucht will mehr
Selbstsucht ist leicht – wirklich lieben ist schwer

Dienstag, 8. Februar 2005

№27

IHR LIEBEN. Die OP am Rosenmontag verlief sehr positiv. Gabis Arm ist nun verschlossen und kann in Ruhe abheilen. Schon kurz nach der Operation durfte sie bei Bedarf aufstehen und brauchte keine Infusionen. Das hat sie sehr erleichtert. Ihre Schmerzmittel halten ihren Phantom- und Wundschmerz auf erträglichem Maß.

Zurzeit plagt sie am meisten die künstliche Schürfwunde der Transplantations-Spenderhaut am Oberschenkel. In den kommenden Wochen muss ihr Armstumpf immer wieder fest bandagiert werden. Auf diese Weise wird er in seine endgültige Form gebracht.

Die größte Herausforderung bei alledem ist aber Schenja. Sie hat sich in der vergangenen Woche mit ihrer Lage (Schultergips) sehr schwergetan. Unentwegt klagt und jammert sie – leider mehr aus Ungeduld als aus Schmerzen. Besonders nachts leistet Gabi den Löwenanteil ihrer Betreuung. Das kostet sehr viel Kraft. Betet mit dafür, dass Schenja bald mobiler sein kann und keiner die Geduld verliert. Am Donnerstag wollen wir Schenja mit einer Armenierin besuchen und sie mit ihrer Muttersprache überraschen. Vielleicht finden wir auf diese Weise Zugang zu ihrem kindlichen Herzen.

Die viele Post an Gabi und der zahlreiche Besuch ermutigt sie kolossal und beeindruckt alle auf der Station. Vielen Dank dafür! Ganz nebenbei hatte unsere Tochter Lea am 6. Februar ihren 9. Geburtstag. Es war uns eine riesige Freude, dass Freunde ihr eine Geburtstagsfeier mit allem Drum und Dran organisiert haben. Zusammen mit 12 Gästen hatten unsere Kinder einen unbeschwert fröhlichen Nachmittag.

Als ER des Leidens
UNGEPRÄGTES Gold
in deine Hände gab, hat Gott gewollt,
dass du im innersten Durchleben
es MÜNZEN sollst,
um Reichtum abzugeben!

Marie Feesche

Freitag, 11. Februar 2005

№28

*»Unser Gott aber wird alles,
was wir bedürfen, erfüllen nach seinem Reichtum
in Herrlichkeit in Christus Jesus.«*

Philipper 3,19

IHR LIEBEN. Nach vier Tagen Behandlungspause wurde heute Gabis Transplantations-Stelle besehen. Die Visite war recht zufrieden. 97 % der Haut sind offenbar angewachsen. Den Rest soll die Zeit heilen. Gabriele verspürt besonders bei Wetterwechsel den Phantomschmerz. Ihr linkes Schultergelenk wird ständig therapeutisch bewegt. Daneben läuft eine Ergotherapie, die Invalide für alltägliche Herausforderungen trainieren soll. Gestern gab es zwei Höhepunkte im Krankenzimmer von Gabi und Schenja:

1. Am Vormittag kam eine gewisse Helene O. aus der Schweiz angereist, um Gabi zu treffen.

Sie hatte auf Umwegen von der Amputation gehört. Ihr war sofort klar, dass sie Gabi ermutigen könne – Helene verlor als Kind in Vietnam ihre rechte Hand. Mehrere Hundert Kilometer Autobahn hielten sie nicht von ihrem Vorhaben ab. Mit ihrer 4-jährigen Tochter nahm sie die ganze Wegstrecke auf sich! Nach einer Nacht im Motel konnte sie uns viele kostbare Erfahrungen und praktische Ratschläge weitergeben. Als wir uns beschämt für ihren riesigen Einsatz bedankten, entgegnete sie nur: »Aber wieso denn? Dafür sind wir doch geschaffen. Wir sollen doch nur ›die Werke tun, die Gott schon für uns vorbereitet hat‹ (Epheser 2,10). Das ist doch nichts Besonderes!«

2. Am Nachmittag kam G. aus Meinerzhagen angereist, um die Kleine Schenja zu treffen.

Sie ist Armenierin und wurde von einer Bekannten gebeten, ihr als Dolmetscherin zu dienen. Gemeinsam verzehrten wir mitgebrachten Kaffee und selbst gemachtes Gebäck. Anna hatte spannendes Anschauungs-Material dabei, um Schenja kindgerecht das Evangelium erklären zu können. Der treue Helmut aus Hardenberg war ihr Chauffeur. Schenja war wegen der vertrauten Laute rasch aufgeschlossen und sehr aufmerksam. Beide ›Sondereinsatz-Kommandos‹ registrierten einige Mitpatienten mit großer Verwunderung. Einige von der Station wollen mal zu Besuch nach Schoppen kommen ... Der gläubige Dachdecker Daniel wurde gestern entlassen.

Betet dafür, dass Gabi im Krankenhaus etwas mehr Ruhe vergönnt ist. In Liebe *Andreas*

Montag, 14. Februar 2004

№29

»Siehe, des Herrn Hand (und auch sein Arm) *ist nicht zu kurz, um zu erretten ...«*

Jesaja 59,1

IHR LIEBEN! Wir möchten gerne berichten, wie es Gabriele zurzeit ergeht. An der Beweglichkeit des Armstumpfs wird täglich bis zur Schmerzgrenze trainiert. Sie hat zwar noch immer heftige Phantomschmerzen, aber insgesamt heilt ihre Transplantationswunde gut ab. Eine winzige Stelle sieht leicht infektiös aus ...

Beim Lesen mancher bewundernder Post meint Gabi verschämt, dass ihr zu viel Glaubensmut angedichtet wird. Sie selbst empfindet sich bei der Bewältigung ihrer Situation keineswegs als Heldin – immer noch hat sie eine tief sitzende Besorgnis vor einer Rückkehr der Keime. Ihre Skepsis ist verständlich – nach herben Rückschlägen rechnet sie noch immer mit bösen Überraschungen. Aber dennoch ist sie fröhlich und vorbildlich.

Uns hat in alledem Jesaja 28,24ff. viel Mut gemacht:

»Nehmt zu Ohren und hört meine Stimme, merkt auf und hört meine Rede! Pflügt wohl der Pflüger den ganzen Tag, um zu säen? Furcht und eggt er den ganzen Tag sein Ackerland? Ist es nicht so? Wenn er dessen Fläche geebnet hat, so streut er Dill und sät Kümmel, und wirft Weizen reihenweise, und Gerste auf das abgesteckte Stück, und den Spelt an seinen Rand. ... Wird Brotkorn zermalmt? Nein, nicht unaufhörlich drischt er es; und wenn er das Rad seines Wagens und seine Pferde darüber hintreibt, so zermalmt er es nicht. Auch dieses geht aus von dem Herrn der Heerscharen; er ist wunderbar in seinem Rat, groß an Verstand.«

Jesaja 28,24-29

Es ist ein ABGESTECKTES FELD und eine BEMESSENE ZEIT, in der Gott pflügt und umbricht. Er pflügt und eggt nicht den ganzen Tag. Er fügt nur Schmerzen zu, um uns vorzubereiten und seine Gärten fruchtbar zu machen. Dann streut er mit vollen Händen seine gute Saat aus!

»Er führt seinen Plan wunderbar aus, seine Weisheit lässt er groß sein!« (Jes 28,29). Das ist tatsächlich so!

Gestern durfte sie einen Einarm-Kochkurs machen. Es klappte gut. Gabi meinte: »Zwei Hände sind ein großzügiges Luxus-Geschenk Gottes an uns Menschen. Man kann mit einer noch fast alles machen.«

Unsere Familie war am Nachmittag zum Essen eingeladen! Nach acht Wochen fremder Kost konnten unsere Kinder endlich wieder ›futtern wie bei Muttern‹.

Die Atmosphäre auf Gabis Station ist sehr ungewöhnlich: Es herrscht ein starkes Zusammengehörigkeitsgefühl. Ständig setzen sich neugierige Patienten wie selbstverständlich mit aufs Zimmer, wenn Gabi Besuch hat. Zimmernachbarn blättern in der Bibel und stellen gezielte Fragen. Schenja ist wieder viel ausgeglichener und schläft nachts besser. Sie soll kommende Woche entlassen werden.

Gestern hatte Gabriele noch ein ernstes Gespräch mit einem Patienten. Nach einem wilden Leben und Zeugen-Jehovas-Kontakt sucht er nach wahrer Vergebung. Der Austausch mit Gabi hat ihn sehr aufgewühlt, weil sie ihn auf seine Vergangenheit und persönliche Schuld ansprach. Er hat sich jetzt zu einem Wochenende in Schoppen angemeldet.

Ulla B. meinte am Montag auf der Heimfahrt von einem Besuch bei Gabriele: »Vielleicht hat Gott Gabis Arm entfernt, um Entferntere zu erreichen. Offenbar hat Gabi ihren Arm verloren, um mit einem größeren Wirkungs-Radius Verlorene zu umarmen.« Betet bitte dafür, dass es zu keiner Entzündung an Gabis Wundstelle mehr kommt!

In Liebe *Andreas*

»Dies will ich mir zu Herzen nehmen,
darum will ich hoffen: Es ist die Güte des Herrn,
dass wir nicht aufgerieben sind;
denn sein Erbarmen ist nicht zu Ende;
es ist jeden Morgen neu,
deine Treue ist groß.
Gütig ist der Herr gegen die, die auf ihn harren,
gegen die Seele, die nach ihm trachtet.

Es ist gut, dass man still warte
auf die Rettung des Herrn.
Denn der Herr verstößt nicht ewig,
sondern wenn er betrübt hat,
erbarmt er sich
nach der Menge seiner Gütigkeiten.
Denn nicht von Herzen plagt und betrübt er
die Menschenkinder.

Klagelieder 3,21-33

»Wer anders hat dich elend werden lassen als Gott? Was kann er anderes wollen als dein Bestes? Und wenn dein Herz ungeduldig spricht: ›Mein Bestes? Ich brauche es nicht – ich will mein Liebstes!‹ – so antwortet dir die Stimme Gottes: Warte geduldig und du sollst beides zu seiner Zeit haben.«

Charles Kingsley

Freitag, 18. Februar 2005

№30

IHR LIEBEN. Heute konnte sich Gabi ohne Verbände behutsam duschen. Die Transplantations-Schürfwunde am Oberschenkel heilt allmählich ab und der Stumpf macht einen guten Eindruck. Der Oberarzt meinte bei der Visite: »Bereiten Sie Ihre Familie schon mal darauf vor, dass Sie in absehbarer Zeit nach Hause dürfen.« Ein kurzer ›Probelauf‹ ist Gabi am Wochenende vergönnt: Sie darf von Samstag auf Sonntag bei ihren Eltern in Düsseldorf übernachten. Die Kinder und ich werden natürlich auch dabei sein.

Schenjas Heilungsfortschritte sind weiter hoffnungserweckend. Unser Nathan wurde vorgestern auf dem Schul-Heimweg besonders bewahrt: Wenige Hundert Meter vor seiner Haltestelle verunglückte sein Schulbus. Nathan war der einzige Insasse. Er stand schon an der Durchgangs-Barriere neben dem Fahrer, als der Bus in einer Rechtskurve vom Weg abkam, 15 Meter Leitplanke mitnahm und dann auf die entgegengesetzte Seite herumriss. Hätte der Bus die Leitplanke etwas steiler gerammt und durchstoßen, wäre der Bus eine 5 Meter tiefe Böschung hinabgeschossen und das Führerhaus an einer Brücke zerschellt. Genauso fatal wäre

Gegenverkehr gewesen. Nicht auszumalen, was das für Nathan auf seinem Stehplatz bedeutet hätte. Wir sind sehr dankbar, dass er nicht mal unter Schock stand und ihm kein Haar gekrümmt worden ist.

In Liebe *Andreas*

Was dein Vater dir auch sende – halt Ihm still.
Glaub, dass Gott dich ohne Ende segnen will.
Muss Er Wünsche dir versagen,
muss Er läutern dich und schlagen,
nur aus Liebe züchtigt Er; trau Ihm mehr!

Der dich mit der Liebe Seilen führt und zieht,
meinst du, dass Er dich bisweilen übersieht?
Nein, auch auf den dunklen Wegen
ist Er tröstend stets zugegen;
größer ist Sein Vaterherz als dein Schmerz.

Tadle nicht mit deinen Klagen was Er tut;
denk: Was Er mir gibt zu tragen, ist mir gut.
Ist Sein Plan dir auch verborgen,
heute Schmerz, die Freude morgen,
hoffe fest auf Ihn allein, harre Sein!

Verfasser unbekannt

Montag, 21. Februar 2005

№31

»Die Rebe, die Frucht bringt, beschneidet er, damit sie mehr Frucht bringt.«

Johannes 15,2

IHR LIEBEN. Gabi darf nach fast 70 Tagen im Krankenhaus nach Hause kommen!

In einem langen Gespräch, in dem wir zu zweit ihre Krankheitszeit Revue passieren ließen, meinte sie zusammenfassend:

»Ich muss mir eingestehen: Mein bisheriges Christsein passte in eine behütete Familie, in ein stilvolles Wohnzimmer, in abgeschottete Gemeindehäuser, in mitreißende Freizeiten, aber es passte nicht in eine Unfallklinik. Mein Glaube hatte nichts zu tun mit den Nöten unserer Zeit und dem Elend dieser Welt. Ich erkenne: Gott hat mir durch die schwere Zeit seinen Stempel aufgedrückt. Er hat meinen Glauben autorisiert. Er ist echt! Er war schon vorher da, aber er war unbeglaubigt. Er hat sich angesichts des Todes bewährt und bewahrheitet. Ich hatte in der Schwebe zwischen Leben und Tod wirklich keine Angst. Er hat mich mit tiefem Frieden und großer Sicherheit durchgetragen. Das ›Wort‹ wurde ›Fleisch‹ und ich habe Seine Herrlichkeit angeschaut. Ich weiß, woran ich glaube. Ich habe Gott erlebt. Ich habe jetzt eine viel größere Liebe zu meinen Mitmenschen. Sie dürfen nicht verlorengehen! Jetzt kann ich viel überzeugender von Jesus berichten – man nimmt es mir jetzt viel eher ab. Das habe ich mir immer so gewünscht, aber nie gekonnt.«

»Nur dem Hörensagen nach hatte ich bisher von dir vernommen, aber nun hat mein Auge dich gesehen!«

Hiob 42,5

Nicht aus einem anerzogenen, theologischen Wissen, sondern nur aus der lebendigen Begegnung mit Gott können wir wirklichen Trost und Halt beziehen.

Keine religiöse ERziehung, sondern nur eine persönliche BEziehung zu ihm bedeutet das Heil für uns!

»Und sie werden zittern und beben über
all das Gute und über all den Frieden,
den ich ihr angedeihen lasse.«

Jeremia 33,9

In Liebe *Andreas*

Donnerstag, 10. März 2005

№32

IHR LIEBEN. Vorgestern kam es zu einer verblüffenden Fügung. Wir waren zur Nachsorge in der Klinik. Einem Pfleger, der Gabi viel Gutes tat und oft über Glaubensfragen mit ihr im Austausch stand, wollten wir eine Bibel schenken. Er ist Türke und zeigte große Aufgeschlossenheit. Leider war er nicht im Dienst.

Gabi packte ihm also ein Markus-Evangelium ein und hinterlegte das Geschenk auf der Station. Ich meinte zwar: »Sollten wir ihm nicht besser eine hochwertigere ›Vollversion‹ schenken?« Aber Gabi erwiderte: »Diese Ausgabe finde ich passender. Die Einleitung mit Hinweisen zur Entstehung und Glaubwürdigkeit der Bibel ist bestimmt hilfreich für ihn.« Also blieb es bei der einfachen Paperback-Ausgabe.

Mittlerweile hat er sich telefonisch bei uns bedankt und Folgendes mitgeteilt:

»Ich habe schon über 20 Seiten in der Bibel gelesen. Das ist für meine Verhältnisse sehr viel. Wisst ihr, was ihr mir da geschenkt habt? Diese Bibel hat mich echt sprachlos gemacht: Auf dem Titelbild ist ganz oben rechts ein Bild meiner Schwägerin drauf! Ich habe meinen Augen nicht getraut, als ich sie entdeckte. Sie lief damals zufällig mit einer Freundin durch München. Wie kommt dieses Bild auf diese Bibel?«

Wir wissen es auch nicht. Offenbar hat Gott es auf ihn abgesehen. Und das bei 80 Millionen Menschen, die durch Deutschlands Straßen laufen. Echt interessant, oder?

Gabriele & Andreas

Warte nur auf Gottes Wende – Alles reimt sich erst am Ende!

Wir haben so viele Fragen, die ohne Antwort bleiben. Wir stolpern oft von Zeile zu Zeile unseres Lebens und verstehen das ›Reim-Schema‹ nicht. Aber wir sind gewiss: Erst nach der LETZEN Silbe – nach der Zeit auf der Erde – werden wir uns in Gottes Gegenwart ›einen Reim darauf machen‹ können!

Jesus Christus verspricht den Bekümmerten:

»Was ich tue, weißt du jetzt nicht – du wirst es aber danach verstehen!« Johannes 13,7

»Auch ihr nun habt jetzt zwar Traurigkeit; aber ich werde euch wiedersehen ... und an jenem Tag werdet ihr mich nichts fragen.« Johannes 16,22.23

König Salomo erkennt bei all seiner Weisheit:

»Gott hat die Ewigkeit in ihr Herz gelegt, ohne dass der Mensch das Werk, welches Gott gewirkt hat, von Anfang bis zu Ende zu erfassen vermag.«

Prediger 3,11

Auch wenn wir vieles noch nicht verstehen: Wie gut ist es, wenn Gott schon hier und jetzt aus manchem verzweifelten No ein vertrauensvolles Yes formt – wenn aus unserem einschränkenden »JA, ABER ...« ein bedingungsloses »JA, VATER!« wird.

Yes 1

MEINE LIEBE GABI. Mich haben eure Nachrichten heftig durcheinandergebracht. Ich sollte dich trösten, aber du tröstest uns. Wie fröhlich du bist ... Da kann man nur staunen über Gott. Das alles hat mir gezeigt, eigentlich wie noch nie in meinem Leben, wie oberflächlich mein Leben mit Gott ist. Wir möchten dir noch sagen, dass wir dich ganz doll lieb haben. L. S.

»Durch Leid werden wir gezwungen,
geistliche Inventur zu machen.«

Nicole Mourmaux

Wie überquert man einen reißenden Bach? Man lädt sich einen schweren Stein auf die Schulter. Nur so wird man nicht von der starken Strömung weggerissen.

Leid bürdet uns schwere Lasten auf. Aber das befreit uns von der unerträglichen »Leichtigkeit des Seins« und gibt uns Belastbarkeit, Tiefgang und den Blick aufs Ziel.

»Gott hilft nicht immer am Leiden VORBEI,
aber er hilft HINDURCH!«

Adolf Schlatter

26.01.2005, drei Tage vor der Arm-Amputation

LIEBE GABI, LIEBER ANDI. Die vergangenen Wochen haben uns sehr erschreckt. Wie konnte das sein? Diese Dramatik, dann diese Wende ... Ich glaube zu ahnen, warum Gott das tat. Gott ist nämlich gnädig. Er hätte dich gerne zu sich geholt, da er Gefallen an dir hat. Er tat es aber nicht. Warum nicht? Diese Gnade war in diesem speziellen Fall nicht nur für euch gedacht. Dieses Wunder, das wir alle auf einem ›Logenplatz‹ miterleben durften, ist ein Zeichen für UNS. Die Wirkung zeigt sich schon. Menschen, die wieder beten und die Nähe Gottes suchen. Ich bin dankbar für die Gnade Gottes. Unser Ziel ist es, dass wir die Gewissheit haben können, eines Tages bei Gott sein zu dürfen, wenn wir IHN annehmen. Und schön ist es auch, dass wir den Weg dorthin mit Freunden wie euch gehen dürfen. A. & B. K.

IHR LIEBEN! Zurzeit bin ich in Westafrika und habe seit meiner Abreise vor knapp drei Wochen eure Nachrichten von verschiedenen Internet-Cafés aus in Conakry, Lomé und nun in Dakar verfolgt. Die Nachricht von der Amputation war ein Schock. Doch eure Reaktion und wie ihr aus den Quellen des göttlichen Trostes Kraft geschöpft habt, hat mich sehr gestärkt und in der festen Überzeugung bestärkt, dass, wenn unser Vater uns das Irdische nimmt, er uns dafür das

Himmlische gibt. In Gesprächen und Vorträgen mit den afrikanischen Geschwistern geht es immer wieder um das hier grassierende, falsche Gesundheits- und Wohlstands-Evangelium. Nun habe ich schon einige Male erzählt, was euch widerfahren ist, und immer herrscht große Betroffenheit und Staunen mit gemischten Gefühlen über diese Art von Gebetserhörung. Auf jeden Fall sah ich auf ihren Gesichtern, dass sie das Gehörte nicht so schnell wieder vergessen würden. So hat die Saat eurer Tränen bereits Afrika erreicht und trägt hier schon Früchte. M. S.

per E-Mail am 2. Februar 2005

UNSERE LIEBEN GESCHWISTER IM HERRN JESUS – GABI UND ANDREAS! Gerade las ich Euren Bericht und habe noch Tränen in den Augen. Einerseits deswegen, weil ich mich in meinem eigenen Kleinglauben bzw. in meiner Trotzigkeit gegenüber Gott ertappt fühle, andererseits weil ich mich einfach mit Euch freue über unseren himmlischen Vater!

Das Bild, wie Eure Kinder den ›Armstumpf‹ von Gabi behutsam küssen, hat mich sehr gepackt. Eure Kinder sind mir ein riesiges Vorbild darin, wie sie einen ›Verlust‹ annehmen, ja diesen Verlust sogar ›küssen‹. Wie oft habe ich mich in den letzten Wochen innerlich

›amputiert‹ gefühlt. Mit knapp 30 noch einmal ein Studium von vorne zu beginnen – nach vielen Jahren ›vergeblichen‹ Lernens ... Ein massives Gefühl der eigenen Wertlosigkeit hatte mich erfasst und meinen Glauben an unseren HERRN zutiefst angefochten. Ich fühlte mich innerlich wie ein ›Krüppel‹ – jemand, der die kostbarsten Jahre seiner Jugend verloren hat und am Ende mit nichts dasteht. Typische Fragen wie: »Wie soll ich im nächsten Jahr meine Familie ernähren?« oder: »Kann Gott mich überhaupt gebrauchen?« rasten immer wieder durch meinen Kopf.

Es gab Momente, da habe ich die letzten Jahre meines Lebens verflucht – ja sogar wie Hiob den Sinn meiner Geburt hinterfragt. Ich konnte meinen ›Lebens-Stumpf‹ bzw. die Verluste meines Lebens nicht in die Führung Gottes einordnen, sondern warf sie Gott als sinnlos und unlogisch vor.

Als ich gerade las, wie Eure Kinder den Armstumpf von Gabi küssen, spürte ich ein tiefes Verlangen danach, meine Einschränkungen auch endlich so ›küssen‹, d.h. mit echtem inneren Frieden annehmen zu können. Ich will unserem HERRN nicht mehr vorwerfen, wie ›sinnlos‹ er mich geführt hat, sondern mich mit seiner für mich momentan unerklärlichen Führung anfreunden, sie ›umarmen‹ und von Herzen ›küssen‹. Und ich merke zunehmend, welches eigentliche Verlangen hinter diesen Worten steckt: Ich möchte DEN wieder umarmen und ›küssen‹, der mir mein Leben geschenkt und bis auf diesen Tag wunderbar geführt hat – und von DEM ich mich in den letzten Monaten entfernt und IHM nicht mehr vertraut hatte ...

Liebe Gabi, lieber Andreas, danke für Eure Offenheit und den ermutigenden Bericht! Wie gern würden wir – meine Verlobte und ich – Euch an unserer Hochzeit im nächsten Jahr als Gäste begrüßen und Euch endlich einmal umarmen!

Bis dahin treffen wir uns wahrscheinlich weiterhin täglich am Thron unseres HERRN, um uns auf den zu werfen, der der Anfänger und Vollender des Glaubens und der Hirte und Hüter unserer Seelen ist – Jesus Christus. Seid herzlich gegrüßt und umarmt! G. D.

LIEBE GABRIELE. Ich möchte dir von Herzen danken. Ich sitze gerade hier zu Hause mit tränenüberströmtem Gesicht. Immer wieder lese ich eure Mails, besonders die letzten. Euer Glaube tröstet mich gerade jetzt so unendlich. Vor zwei Stunden bekam ich eine Nachricht aus dem Krankenhaus, dass mein lieber Vater gestorben ist – heimgegegangen in sein ewiges Zuhause. Trotz der festen Gewissheit, dass er es jetzt besser hat, ist dieser Schmerz und die Trauer da, der Verlust von jemandem, den man so sehr geliebt hat. Ich werde mich jetzt gleich auf den Weg zu meiner Mutter machen, die von diesem Ausgang noch nichts weiß. Ich habe mehrere Passagen aus euren Mails ausgedruckt, die ich jetzt einfach mitnehme und die meiner Mutter ganz bestimmt auch viel Trost spenden werden. Ich bin Gott so dankbar ... J. S.

LIEBE GABI, LIEBER ANDREAS, heute dachte ich, wie gut es ist, dass wir alle unsere Anliegen dem allmächtigen Gott bringen dürfen, so menschlich, wie sie oft sind, und dass ER sie in unendlicher Weisheit, Weitsicht, einfach in seiner Göttlichkeit beantwortet. Ein Aspekt ist auch die Ermutigung, die alle Beter dadurch erfahren dürfen! Irgendwie schweißt es auch zusammen, dass wir wissen dürfen, dass so viele gebetet haben! Welche Kraft! Wir sollten das beibehalten und weiter für Dinge Seines Reiches beten! So, da ich im Nachtdienst bin und nicht weiß, wann ich schnell in den Kreißsaal muss, mache ich jetzt mal Schluss. Ich bete auf jeden Fall weiter für euch. Ganz herzliche Grüße und Gottes überreichen Segen und Seine spürbare Nähe, Kraft und überströmende Liebe!
In IHM verbunden, A. K.

»Lieber Arm ab als arm dran.«

Ein nahestehender Freund am Tag der Amputation.

Am 22. Oktober 2005 besuchte ich ein befreundetes Ehepaar. Im Lauf unserer Unterhaltung begann die Frau des Hauses zu schluchzen und bekannte mit Tränen in den Augen: »Im Frühjahr kam ich zum Glauben an Jesus Christus. Die Geschichte mit Gabi war für mich der letzte Anstoß. Ich hatte bis dahin immer noch einen letzten Vorbehalt, mich Jesus ganz anzuvertrauen. Ich wollte mein eigener Herr bleiben. Aber dann mitzuerleben, was für einen festen Halt Gott geben kann, das hat mich überwältigt ...«

»Unser Elend muss
mit Gottes Reichtum in Berührung kommen!«

Friedrich von Bodelschwingh

HALLO IHR ZWEI: Ich wollte Euch noch einmal sagen, dass (so makaber das auch klingen mag) ich sehr dankbar für die ganze Entwicklung mit Dir, Gabi, bin.

Natürlich würde ich Dich lieber mit zwei Armen quicklebendig sehen, aber mir ist es auch mit einem, aber dafür quicklebendig sehr recht.

Außerdem kann ich wirklich nur betonen, dass auch mein Glaubensleben von der ganzen Sache sehr profitiert hat. Als meine Frau vor Kurzem die Diagnose

MS bekam, war ich für einige Zeit sehr betroffen. Dann ging's mir wieder gut, als ich mir in Erinnerung rief: »Gott macht keine Fehler – genau wie bei Gabi«.

Diese Phrase ist für mich inzwischen mehr als eine Phrase, ich halte mich oft daran fest. Es tut einfach gut zu wissen, dass Gott wirklich keine Fehler macht.

Auch das Buch der Psalmen, das mir bisher wenig zu sagen hatte, ist für mich seitdem zu einer Fundgrube geistlicher Schätze geworden. Also, noch mal ganz herzlichen Dank.

Alles Liebe und Gute von C. und S.

LIEBER ANDREAS, deine Gedichte haben mich inspiriert, mich auch mal wieder im Reimen zu versuchen. Ich habe auf der Heimfahrt im Zug versucht, ein paar Zeilen für Gabi zu basteln.

Kannst du sie ihr bei Gelegenheit mitbringen? W. K.

UNTERWEGS

Während ich jetzt nach Hause reise,
durch Dunkelheit stets gradeaus,
versuch ich mich in lyrischer Weise
an einem Gruß ins Krankenhaus.

Dass Gott genau weiß, was er tut,
das lernten wir begreifen.
Und was er tut, ist für uns gut.
Vertrauen sollte in uns reifen.

Dein linker Arm ist ein Verlust,
denn grade weil du all die Sachen,
die du so fröhlich tatst und tust,
mir immer schienst »mit links« zu machen.

Ich dachte an »den Arm des Herrn«,
der nie uns wird genommen.
Er trägt uns Kinder liebend gern,
wenn wir zu Ihm nur kommen.

Sein Arm ist herrlich[1]*, ist gerecht*[2]*,*
und er erlöst uns von den Sünden[3]*.*
Lasst uns dem folgenden Geschlecht
die Stärke seines Arms verkünden[4]*.*

1: Jesaja 63,12; 2: Jesaja 59,16;
3: Psalm 77,16; 4: Psalm 71,18

Uns berührt heute noch die Tatsache, dass damals liebe Menschen unsertwegen schlecht schlafen konnten. Im Folgenden ein paar Briefe, die das tiefe Mitgefühl und innere Mittragen von Geschwistern ausdrücken:

Yes 2

LIEBER ANDREAS! (3. Januar 2005). Gabi war die letzten beiden Wochen oft unser erster Gedanke am Morgen und der letzte am Abend. Wir fühlten uns so hilflos und baten Gott, jeden unserer Atemzüge als Hilfeschrei anzusehen, Gabi gesund zu machen. Er hat uns gezeigt, wie wunderbar es ist, dieses Vorrecht zu haben, alles, was uns bewegt, Gott abgeben zu können. Und doch fiel es uns nicht leicht, sein Handeln zu akzeptieren. Gott segne euch. C. + S.

LIEBE GABI, LIEBER ANDREAS (5. Januar 2005)

»Gepriesen sei der Herr, denn er hat die Stimme meines Flehens gehört. Auf ihn hat mein Herz vertraut, und mir ist geholfen worden.«

Psalm 28,6.7

Abends bin ich in Gedanken an dich eingeschlafen und morgens wieder aufgewacht. Meine Kinder fragten, warum ich so betroffen und traurig wäre. Ich würde dich doch kaum kennen. Doch, habe ich gesagt, wir sind alle Geschwister im Herrn, und wenn einer leidet, leiden alle mit. In Gedanken bin ich bei euch und drücke euch ganz fest. Eure C. + Family

IHR LIEBEN FETTS. (Sonntag, 9. Januar 2005)

Heute in einer Predigt, wo es z. T. um das Gebet ging, erwähnte ein Ältester nebenbei, er sei kürzlich in der Nacht ein Dutzend Mal aufgewacht und musste immer wieder für euch beten. Danach schlief er gleich wieder ein. Er hat sonst nie Probleme mit Schlafstörungen. Erst später erfuhr er aus den E-Mails, dass es gerade die Nacht war, in der es um Gabi besonders kritisch stand. Das hat mich so bewegt, dass der HERR sogar Leute wach machen kann, um für die Seinen einzustehen. In Liebe und Dankbarkeit. D. + A. Z.

LIEBE GABI! (14. Januar 2005)

Auch wenn noch nicht alles überstanden ist, sind wir doch voller Zuversicht, dass Gott dich dahin zurückbringt, wo dein Platz ist, nämlich zu deiner Familie nach Schoppen. Lass mich dir kurz etwas mitteilen (erst jetzt finde ich den Mut dazu): In der Zeit um Weihnachten, als es dir besonders schlecht ging, lag ich abends im Bett und bat den Herrn inständig darum, mir irgendwie etwas bezüglich deiner Situation zu zeigen. Nachdem ich etwas in der Bibel gelesen hatte, traf ich auf die Stelle: *»Er aber rührte mich an und stellte mich auf meinen vorigen Platz!«* (Daniel 8,18). Jetzt hoffe ich, dass ich den Herrn richtig verstanden habe. Wer sind wir, dass Gott sich zu uns herabneigt? Deine A. + C.

Sonntag, 29. Januar 2006

Yes 3

Heute früh, am 1. Jahrestag der Amputation, finden wir Gelegenheit für eine kurze Andacht zu zweit. Wir schauen zurück auf 365 Tage mit nur einem Arm.

Amputation bedeutet unwiederbringlichen Verlust, Verstümmelung und Verlangsamung. Aber in der Rückschau überwiegt das Danken weit das Selbstmitleid. Gabriele zieht ein Andachtsbuch aus dem Regal, und ich schlage den 29.01. auf – und was steht da ...?

»Ja, Vater, denn so war es wohlgefällig vor dir ...«

Matthäus 11,26

Bei fast jedem Menschen gibt es Dinge, die er sich selbst nie ausgesucht hätte, aber die nun mal nicht geändert werden können. Es kann sich z.B. um körperliche Behinderungen oder chronische Krankheiten handeln.
So viele Menschen leben ein Leben voll bitterer Niedergeschlagenheit und träumen davon, was wäre, wenn. Wenn sie nur anders wären. Wenn sie sich nur vollkommener Gesundheit erfreuen könnten. Wenn ...

Die Lektion, die diese Menschen lernen sollten, ist die, dass wahrer Friede darin liegt, wenn man annimmt, was nicht geändert werden kann. Was wir sind, sind wir durch die Gnade Gottes. Er hat unser Leben mit unendlicher Liebe und unendlicher Weisheit geplant. Wenn wir alles so gut beurteilen könnten wie er, hätten wir die Dinge genau so arrangiert wie er. Deshalb sollten wir sagen: *»Ja, Vater, denn so war es wohlgefällig vor dir ...«* Aber es geht noch einen Schritt weiter. Wir müssen die Dinge nicht nur in sanftmütiger Resignation akzeptieren. Indem wir wissen, dass sie von einem Gott der Liebe zugelassen wurden, können wir sie zu einem Gegenstand der Freude und des Lobpreises werden lassen.« W. MacDonald

Als wir das lesen, schauen wir uns betroffen an und beginnen zu weinen. Wir haben nur selten zu zweit am Morgen aus diesem Buch gelesen. Aber heute hat der »Gott allen Trostes« uns sein tiefes Mitleid gezeigt und uns sehr berührt. Genau an diesem Tag, genau dieser Vers! *»Ja, Vater, ...«* Das war es, was ich Gabi im Koma immer wieder ins Ohr geflüstert habe. Genau dieses *»Ja, Vater!«* ist es, mit dem Gabi im Alltag immer wieder neu in alle Einschränkungen einwilligt. Genau dieses Wort schenkt uns Gott zum Jahrestag! Gelobt sei sein Name in allem!

Yes 4

Ein lieber, alter Bruder überrumpelte mich wenige Wochen nach der Arm-Amputation mit der Frage: *»Andreas, glaubst du, dass Gott Gabis Arm wieder nachwachsen lassen kann, ja oder nein?«*

Puh, mir wurde schwindelig. Nach kurzem Überlegen antwortete ich: *»Ja, ich glaube, dass Gott nichts unmöglich ist. Gott kann das. Gott lässt ja auch z.B. bei Salamandern verlorene Beine nachwachsen.«*

»Gut, dann lass uns dafür beten!«, antwortete er resolut. Es war ihm sehr ernst. Aber mein innerer Friede kam mir bei diesem Vorschlag völlig abhanden.

Deshalb entgegnete ich ihm: *»Die Frage ist nicht: KANN Gott das, sondern: WILL Gott das? Er hat Gabi diesen Verlust zugetraut. Stell dir vor, Gott ließe tatsächlich Gabis Arm nachwachsen. Welches Signal wäre das für alle, die mit Reduzierungen und Behinderungen ein Leben lang zurechtkommen müssen? – Nicht etwa: Wenn ihr alle nur genügend geglaubt und gebetet hättet, würde Gott euch helfen können – siehe Gabi. Wie fatal! Und zu welcher Lichtgestalt würde so ein Wunder meine Frau machen? Es geht nicht darum, dass ein Wunder AN ihr, sondern IN ihr geschieht.«*

Doch mit meiner Antwort gab sich der Alte nicht zufrieden. Er schaute mich grimmig an und sagte enttäuscht: *»Du glaubst ja nur nicht!«*, und stapfte davon.

Ein paar Tage später begegneten wir zwei uns wieder. Inzwischen hatte sich bei uns ein Baby angemeldet. Ich rannte auf den kantigen Mann zu und teilte ihm überschwänglich mit: *»Alfred, Dein Gebet ist erhört! Gabi ist ein Arm nachgewachsen! Nicht nur das – sogar zwei!«* – Schmunzelnd runzelte er die Stirn und sagte: *»Damit spaßt man aber nicht. – Das ist prima! Das wird Gabi ganz bestimmt wunderbar meistern!«*

Und so hat uns Gott knapp ein Jahr nach der Amputation eine herrliche Entschädigung bereitgehalten: Am 24. Februar 2006 durfte Gabi unseren kleinen Till Gideon zur Welt bringen! Was für eine Wundergabe. Noch am Tag der Entbindung konnten beide nach Hause. Sie hat keine Lust mehr auf Krankenhaus ...

»Er schenkt den Trauernden großes Glück. Glücklich ist der Mensch, den Gott zurechtweist! Darum wehre dich nicht, wenn der Allmächtige dich erzieht. Denn er verwundet zwar, aber er verbindet auch, er zerschlägt, aber ist es nicht seine Hand, die dich wieder heilt? Er rettet dich wieder und wieder aus aller Angst, und wendet immer neu das Böse von dir ab. Du wirst erfahren, dass deine Nachkommenschaft zahlreich wird. Siehe, das haben wir erlebt, so ist es.« aus Hiob 5

Samstag, 25. Februar 2006

Yes 5

Gabi stillt unser Baby nachts um drei. Ich werde wach und beobachte die beiden. Dann nehme ich Gideons winziges runzeliges Händchen in meine Hand und zitiere: *»Ich hab behutsam nachgezählt, ob dir kein Zeh, kein Finger fehlt …«* Gabriele erwidert: »Weißt du was? Das war das Erste, woran ich denken musste, als mein Vater nach der Amputation zu mir kam. Papa hat bei jedem seiner Kinder nach der Geburt zuerst mal die Fingerchen nachgezählt, ob sie auch wirklich vollständig und heil sind. Und dann musste er mit ansehen, dass mir mal eben nicht nur fünf Finger, sondern der ganze Arm abgenommen wurde. Das war bestimmt furchtbar für ihn.«

»Aber Gabi, denke daran, dass dein anderer Papa immer noch täglich bei dir nachzählt – und zwar jedes einzelne Haar: *›Werden nicht zwei Sperlinge für ein paar Pfennige verkauft? Und nicht* EINER *von ihnen wird auf die Erde fallen ohne euren Vater. Bei euch aber sind selbst die Haare des Hauptes alle gezählt. Fürchtet euch nun nicht; ihr seid vorzüglicher als viele Sperlinge‹* (Matthäus 10,30). Ohne seinen Willen und ohne sein Wissen wird uns weder ein Haar gekrümmt noch ein Arm genommen.«

Gott weiss, was er tut

Yes 6

»Eines Tages, am Ende aller Jahreszeiten, wenn wir der Sonne entbehren können, werden alle Dinge, die unser Verstand nicht fasste, die Dinge, die wir mit feuchten Wimpern beweinten, aufblitzen inmitten des Lebens dunkler Nacht, wie Sterne funkeln im Dunkelblau des Himmels; dann werden wir erkennen, wie weise Gottes Pläne waren UND DASS DER SCHEINBARE TADEL FÜR DIE WAHRSTE ALLER LIEBE STAND.

Sei zufrieden, du kleines Herz, Gottes Pläne entfalten sich wie weiße Lilien; nicht wir müssen die verhüllenden Blätter abreißen, der Lauf der Zeit wird den Blütenkelch entfalten. Und wenn wir nach Mühsal und Lasten das Land erreichen, wo müde Füße Ruhe finden, dann werden wir alles sehen und sagen:
›GOTT WUSSTE, WAS ER TAT!‹«

Verfasser unbekannt

Yes 7

Die folgende Begebenheit aus der Bibel ist uns ein Augenöffner geworden. Sie steht im Alten Testament, in 1. Könige 13,1-6. Der gottlose König Jerobeam, Hauptverantwortlicher für die Teilung Israels in zwei Reiche, wollte seine Position stärken. Dazu hatte er in Bethel ein neues kultisches Zentrum errichten lassen. Dieser Ort sollte für den Norden die Alternative zum Heiligtum jenseits der Grenze im Süden sein. Die bewusste religiöse Konfrontation war von ihm beabsichtigt. Der Tempel Gottes in Jerusalem sollte an Zulauf verlieren.

Jerobeam selbst zelebrierte gerade einen Eröffnungs-Gottesdienst. Feierlich stand er vor dem neuen Altar, als plötzlich ein Prophet auftrat. In die versammelte Menge rief er unerschrocken: *»Siehe, dieser Altar wird reißen, und seine Asche, die mit dem Fett der Opfertiere getränkt ist, wird verschüttet werden.«*

Als der König diesen kühnen Zwischenruf hörte, fuhr er zornig herum. Wer war das? Wer getraute sich das? Dann erblickte er den Störer und streckte erbost seine Hand nach ihm aus und rief: *»Ergreift diesen Kerl!«* Doch im gleichen Moment geschah Merkwürdiges:

Der Arm, den der König gegen den Propheten ausgestreckt hatte, wurde steif! Er konnte ihn nicht mehr bewegen. Und im nächsten Augenblick riss der Altar – genau wie der Prophet in Gottes Auftrag angekündigt hatte. Was für ein dramatisches Eingreifen Gottes! Alle Beobachter waren entsetzt.

Was würde als Nächstes geschehen? Da unterbrach der König die gespenstische Stille und flehte den Mann Gottes an: *»Bitte, bete doch zu deinem Gott, dass ich meinen Arm wieder bewegen kann!«* Und tatsächlich – der geschmähte Prophet ging darauf ein. Er betete ernstlich für den König, und sofort wurde sein Arm wiederhergestellt – so gesund wie zuvor.

Diese knappe Begebenheit durchkreuzt alle meine Erwartungen. Jerobeams Arm wird beim Haftbefehl urplötzlich steif und unbrauchbar. Das hatte er verdient! War das nicht ein wunderbares Beglaubigungszeichen für den bedrohten Boten? Gott unterstrich die Botschaft des Propheten. Zudem erfüllte sich genau dessen Voraussage. Dann winselte der König um Gnade. Alle Augen waren jetzt auf den Mann Gottes gerichtet. Wie hätte ich reagiert? Hätte ich in dieser Situation für den Arm(en) gebetet? Er tat es!

Und – hätte ich an Gottes Stelle das Gebet um Gesundung erhört? Gott tat es! Jerobeams Körperbehinderung wurde auf der Stelle zurückgenommen.

Mit beidem hätte ich niemals gerechnet. Doch kann man aus dieser merkwürdigen Begebenheit nicht zwei trostreiche Schlussfolgerungen ziehen?

Ein Wunder zeigt nicht immer Gottes Gunst,
und Wunden schon gar nicht Gottes Grimm!

Natürlich hätten wir uns auch gewünscht, dass Gabis Arm durch Gottes wunderbares Eingreifen geheilt worden wäre. Es wäre ihm so leicht möglich gewesen wie bei Jerobeam. Aber manchmal lässt Gott in seiner Weisheit einen ›Dorn im Fleisch‹. Und das nicht aus Unbarmherzigkeit, sondern in seiner souveränen Weisheit. Gottes Gedanken sind so viel höher als unsere. Sein Wille geschehe, denn sein Wille ist vollkommen.

»Über mich selbst will ich mich nicht rühmen, nur der Schwachheiten. ... Mir wurde ein Dorn für das Fleisch gegeben, ... damit ich mich nicht überhebe. Um dessentwillen habe ich dreimal den Herrn angerufen, dass er von mir ablassen möge. Und er hat zu mir gesagt: Meine Gnade genügt dir, denn meine Kraft kommt in Schwachheit zur Vollendung. Sehr gerne will ich mich nun vielmehr meiner Schwachheiten rühmen, damit die Kraft Christi bei mir wohne. Deshalb habe ich Wohlgefallen an Schwachheiten, an Nöten, an Verfolgungen, an Ängsten um Christi willen; DENN WENN ICH SCHWACH BIN, DANN BIN ICH STARK.«

2. Korinther 12,5.7-10

Yes 8

»Und aus dem Stamm Benjamin wurden an diesem Tag 26.000 Mann gemustert, die das Schwert zogen ... Unter all diesem Volk waren 700 auserlesene Männer, die Linkshänder waren; diese alle schleuderten mit dem Stein aufs Haar und verfehlten ihr Ziel nicht.«

Richter 20,15-16

Was ist das für eine merkwürdige Anmerkung: 700 Linkshänder?! Ist das der Erwähnung wert? Oder könnte in dieser Hervorhebung ein Hinweis liegen ...

Ist es möglich, dass sie vielleicht zu Linkshändern wurden, weil sie keine Rechtshänder mehr waren, sondern Invaliden? Waren sie an der rechten Hand verstümmelt? Vielleicht hatten sie im Kampf den Daumen verloren. So etwas geschah nicht selten im Schwertkampf. Hatte eine mangelhafte Wundversorgung sie zu Krüppeln gemacht? Allenfalls konnten sie das Schwert nicht mehr führen.

Aber keiner dieser 700 Verletzten sagte sich: »Nach dem Lazarett bleib ich im Bett oder ich beantrage Invalidenrente. Ich bin ohnehin zu nichts mehr zu gebrauchen ...« Ganz im Gegenteil: Sie schworen sich:

»Kommt, wir trainieren für die Paralympics. Wir sind zu mehr zu gebrauchen als zu Meldegängern und Feldköchen. Wir wechseln die Waffen: Schwerter zu Fluggeschossen! WIR WOLLEN MIT LINKS BESSER SEIN, ALS WIR MIT RECHTS JEMALS WAREN.«

Dann rissen sie vielleicht aus Pferdeschweifen ein paar Haare aus, knoteten kleine Steine an deren Ende, reihten diese an einem Seil auf und begannen mit den Schießübungen, bis nur noch ein Fädchen hing.

Ihnen genügte nicht: 10 Versuche – 1 Treffer. Jeder Schuss musste sitzen. Sie schossen so präzise wie David gegen Goliath – er brauchte keine fünf Versuche. Diese 700 *»waren auserlesene Männer«*, d.h. besonders tüchtige, vorzügliche Kämpfer.

Vielleichst erlebst du auch gerade eine Entmutigung, leidest an einer Verletzung. Vielleichst sagst du dir: »Ich bin verletzt – reduziert. Ich bin nicht mehr der/die Alte. Ich bin unbrauchbar geworden.« Was wäre mit folgender Alternative? DU KANNST MIT LINKS BESSER SEIN, ALS DU MIT RECHTS JEMALS WARST.

»Ich aber will nach dem Herrn ausschauen, ich will warten auf den Gott meines HEILS. Mein Gott wird mich erhören. Bin ich gefallen, so stehe ich wieder auf. Sitze ich in Finsternis, so ist der Herr doch mein Licht.«

Micha 7,7.8

Donnerstag, 15. März 2007

Yes9

Zwei Liebesbriefe

MEINE LIEBE MAMA. Ich will dir keinen normalen Geburtstagsbrief schreiben. Ich will dir alles schreiben, was ich dir sonst versuchen würde zu erklären (was ziemlich schwer wäre).

Ich bin ein wirklich schlechter Mensch! Du, mit nur einem Arm, meisterst alles! Und dann gibst du uns nur eine kleine Aufgabe, und ich motze sofort. Das wird sich ab sofort ändern!

Und dann ist da noch die Sache mit dem Unverschämtsein. Ich bin richtig respektlos dir gegenüber. Und dabei will ich es gar nicht. Wie soll das erst werden, wenn ich in der Pubertät bin? Also wird sich auch das ändern.

Mama, ich kann dir gar nicht sagen, wie lieb ich dich habe. Du denkst an alles, tröstest jeden, bist für alle WG-ler eine Mutti – und alles mit nur einem Arm! Ich bin ja so stolz auf dich. Denk jetzt ja nicht, ich denke mir irgendwelche frommen Reden zusammen. Du hast mal erwähnt: »Ich habe zum Herrn Jesus gesagt: Ich kann ruhig sterben, wenn Gideon halbwegs groß ist.« Da hast du was ganz Dummes gesagt! Ich habe dem Herrn Jesus schon gesagt, dass er es ganz schnell vergessen soll und es auch nicht tun soll. Kurz gesagt: Du bist die beste Mama der ganzen Welt! Ich liebe dich. Deine *Lea*

Meiner einARM-seligen Frau

Danke, dass Du …

uns vieles nachträgst ohne nachzutragen
unsere Schwächen weglieben kannst
deine Zukunft in der der Kinder siehst
Egoismus zum vierten Mal verlernst
jede Nacht »Rufbereitschaft« hast
Gäste ohne »Asyl-Antrag« aufnimmst

Danke, dass …

wir zusammen für andere beten können
wir uns vertrauter sind als Freunde
mir dein Urteil so oft zum Vorteil ist
Verzicht für dich nicht Verlust bedeutet!
deine Dankbarkeit nie verlorenging
und du einarmig so einmalig bist

Sonntag, 16. März 2008

Yes 10

Es war während des Gottesdienstes am Sonntagmorgen. Dieser Vormittag sollte für uns unvergesslich werden. Zu Anfang der Stunde stand der Ehemann von Gabis Freundin auf. Er war noch nie vorher sonntags dabei. Seit langer Zeit hatten wir dafür gebetet, dass auch er Gottes Wirklichkeit erkennen und an Jesus glauben könne. Seine Frau kam schon seit Jahren in unsere Gemeinde. Doch ihr Mann sagte immer nur: *»Du hast deine Bibel – und ich meine Ruhe ...«*

Aber an diesem Sonntag trug er selbst das ›dicke Buch‹ unterm Arm. Etwas unsicher fragte er: *»Darf ich hier was sagen?« – »Ja, bitte!«*, forderte einer der Anwesenden ihn auf. Dann trat er an das Podium und erzählte:

»Schon seit längerer Zeit lese ich in der Bibel. Ich habe es lange vor meiner Frau verborgen gehalten. Auf Geschäftsreisen im Hotel habe ich sie mittlerweile einmal komplett durchgelesen. Ihr wisst vielleicht: Gott und Christsein lagen mir eigentlich fern. Aber als ich dann alleine vor meiner verstorbenen Oma stand, fragte ich mich: Wo ist sie jetzt ...? Ging die ›rauf‹, oder ging die ›runter‹? Und dann wurde mir schlagartig bewusst: Wenn du jetzt stirbst, gehst du ›runter‹.

Ein Mosaikstein dazu war, als es damals unserer Gabi so schlecht ging. Da habe ich jeden Abend beobachtet, wie meine Frau zum Beten fuhr. Und ob ihr es glaubt oder nicht: Plötzlich ertappte ich mich dabei, dass ich zu Hause unter der Bettdecke mitbetete …«

Dann schlug er das ›dicke Buch‹ ungefähr in der Mitte auf und las nach der Schlachter-Übersetzung:

»Wohl dem, der nicht wandelt nach dem Rat der Gottlosen, noch tritt auf den Weg der Sünder, noch sitzt, wo die Spötter sitzen, sondern seine Lust hat am Gesetz des Herrn und über sein Gesetz nachsinnt Tag und Nacht. Der ist wie ein Baum, gepflanzt an Wasserbächen, der seine Frucht bringt zu seiner Zeit, und seine Blätter verwelken nicht, und alles, was er tut, gerät wohl. Nicht so die Gottlosen, sondern sie sind wie Spreu, die der Wind verweht. Darum werden die Gottlosen nicht bestehen im Gericht, noch die Sünder in der Gemeinde der Gerechten. Denn der Herr kennt den Weg der Gerechten; aber der Weg der Gottlosen führt ins Verderben.«

Psalm 1

Als wir das hörten, ließen wir den Tränen freien Lauf. Uns wurde bewusst: So mancher wird durch Leid für Gott bereit. Der Tod der Großmutter und die Not der Bekannten haben ihn nach und nach zu Gott geführt. *»Ja, Vater, denn so war es wohlgefällig vor dir!«*

Yes 11

In 1. Mose 22 steht Abraham eine schreckliche Bewährungsprobe bevor. Sein Gott verlangt von ihm scheinbar Unmenschliches:

»Nimm deinen Sohn, deinen einzigen, den du lieb hast, und ziehe hin in das Land Morija, und opfere ihn daselbst auf einem der Berge, den ich dir nennen werde.«

1. Mose 22,2

Gott nannte ihm einen Berg. Er zeigte ihm den Ort des Schreckens. Mehr noch nicht! Aber Abraham glaubte dennoch Gott ...

Wir wissen, wie diese Begebenheit ausging. Aber Abraham? Was wusste er? Wie unverständlich war ihm dieser Befehl? In welche Gewissensnot hatte Gott ihn da gestürzt! Aus seiner Perspektive sah er nur einen unüberwindlichen Gipfel.

Und dennoch – wie nannte Abraham dieses himmelragende Hindernis? Wie bezeichnete der ›Vater des Glaubens‹ diesen zunächst so unüberwindlich scheinenden Gipfel? Welchen Namen gab er dieser Bewährungsprobe? Und welche Antwort gab Abraham noch vor dem ›Gipfelerlebnis‹, in der allerschwersten Stunde, seinem Sohn? Welche Antwort hatte er auf die Frage nach dem fehlenden Opfer? Wie löste er den Widerspruch, das Unverständliche, sein Befremden auf?

Diese Antwort ist auch für unsere Fragen genug. Zweimal lesen wir von seiner unerschütterlichen Gewissheit: *»Der Herr wird ersehen!«* (1. Mose 22,8 und 14).

Den gleichen Begriff ›ersehen‹ finden wir z.B auch in 1. Mose 39,23. Er bedeutet so viel wie:

Gott wird sich kümmern.
Gott sieht doch, was mir fehlt ...
Gott wird Vorsorge treffen.
Gott wird sich zeigen.
Gott hat den Überblick.
Gott wird sich erleben lassen.
Gott behält die Kontrolle.

Ja, wir müssen uns keinem »blinden Schicksal«, sondern dürfen uns einem »sehenden Vater« ausliefern! Wir können in allen Lagen vertrauensvoll *»Ja, Vater!«* statt *»Ja, aber ...«* sagen. – *JA, VATER. AUCH WENN ICH DICH OFT NICHT VERSTEHE, ICH VERTRAUE DIR!*

»Vom Ende der Erde rufe ich zu dir, wenn mein Herz verschmachtet; du wirst mich auf einen Felsen leiten, der mir zu hoch ist. Denn du bist mir eine Zuflucht gewesen, ein starker Turm ...«

Psalm 61,3.4

»Keine Versuchung hat euch ergriffen, als nur eine menschliche; Gott aber ist treu, der nicht zulassen wird, dass ihr über euer Vermögen versucht werdet, sondern mit der Versuchung auch den Ausgang schaffen wird, sodass ihr sie ertragen könnt.«

1. Korinther 10,13

»Siehe, wir preisen die glückselig, die ausgeharrt haben. Von dem Ausharren Hiobs habt ihr gehört, und das Ende des Herrn habt ihr gesehen, dass der Herr voll innigen Mitgefühls und barmherzig ist.«

Jakobus 5,11

Gott hat noch von keinem Menschen verlangt, was er nicht selbst zu tun bereit wäre. Er empfand mit Abraham mit, denn Gott war bereit, seinen einzigen Sohn hinzugeben. Jesus litt als Menschgewordener mit:

»Er war mit Schmerzen und Leiden vertraut …
Unsere Leiden hat er auf sich genommen.«

Jesaja 53,3.4

Er hat sie nicht nur zur Kenntnis genommen, nicht nur ernst genommen, er hat sie auf sich genommen. Sein Mitleid war mit Leid verbunden. Sein Mitgefühl hat ihn sein Leben gekostet.

»Die Strafe lag auf ihm – zu unserem Heil.«

Jesaja 53,5

»Wir haben Frieden mit Gott durch unseren Herrn Jesus Christus. Nicht nur das, sondern wir rühmen uns auch in Sorgen und Nöten, weil wir wissen, dass wir dadurch lernen, geduldig zu werden. Geduld aber macht uns innerlich stark und wir werden zuversichtlich in der Hoffnung. Und in dieser Hoffnung werden wir nicht enttäuscht werden, denn die Liebe Gottes ist ausgegossen in unsere Herzen durch den Heiligen Geist, der uns gegeben worden ist.«

nach Römer 5,1-5

Diese lebendige Hoffnung, dieses felsenfeste Fundament, diese persönliche Beziehung zu Gott durch seinen Sohn Jesus Christus wünschen wir jedem, der diesen Bericht gelesen hat.

»Besser eine Handvoll Ruhe ... als zwei Hände voll Mühsal und Haschen nach Wind!«

Prediger 4,6

Auch wenn man einarmig durchs Leben gehen muss:

»Dein Gott ist der Gott der Urzeit,
und unter dir sind ewige ARME!«

5. Mose 33,27

Yes 12

Eine Frau las im Alten Testament im Propheten Maleachi. Sie stutzte, als sie im 3. Kapitel an die Stelle kam:

»Er wird sitzen und schmelzen und das Silber reinigen.«

Maleachi 3,3

Das verstand sie nicht. Warum musste der Schmelzer dabeisitzen? Weshalb wird das Sitzen wohl erwähnt? Um eine Antwort zu erhalten, ging sie zu einem Silberschmied. Den fragte sie, ob und warum er beim Schmelzen des Silbers dabeisitzen müsse. Der Silberschmied antwortete ihr:

»Wenn ich das Silbererz in den Schmelztiegel getan habe, muss ich genau darauf achtgeben, dass es nicht zu lange über dem Feuer bleibt. Darum sitze ich dabei und beobachte, wann das Silber von der Schlacke frei ist. Keine Minute zu lang darf ich es im Schmelztiegel lassen, sonst leidet das Edelmetall Schaden. Darum: Keine Minute zu lang!«

Da dankte ihm die Frau herzlich. Als sie schon an der Tür war, rief ihr der Silberschmied noch etwas zu:

»Fast hätte ich noch das Wichtigste vergessen: Ich bemerke genau, wann der Zeitpunkt dafür gekommen ist,

nämlich, wenn sich MEIN GESICHT in dem geschmolzenen Silber WIDERSPIEGELT. Dann ist es so weit. Dann nehme ich das Silber schnell aus dem Läuterfeuer.«

Da erst ging der Frau die trostreiche Bedeutung der Maleachi-Stelle auf. Jetzt verstand sie: Erst wenn sich SEIN Bild in dem Silber widerspiegelt, ist die Schlacke fort! Dann nimmt Gott Sein Kind aus dem Ofen des Elends heraus! Er sieht genau hin. Er sitzt dabei. Er wartet genau ab.

Auch für Ihn gilt: Keinen Augenblick zu lang! Was für ein Trost! Wollen wir Gottes Werk an uns unterbrechen, noch ehe Sein Zeitpunkt gekommen ist? Meinst du, Er würde dich auch nur einen Augenblick zu lange im Elend lassen? Nein, niemals! Wir dürfen mit Paulus sagen:

»Ich bin überzeugt, dass die LEIDEN
dieser Zeit nichts bedeuten
gegenüber der HERRLICHKEIT,
die an uns offenbart werden soll.«

Römer 8,18

Danke für das Schwere

Ich danke Dir für alle Schwierigkeiten.
Ich danke Dir für jedes Hindernis.
Sie halfen, Bahn dem Glauben zu bereiten.
Sie machten mich gehorsam und gewiss.

In Sturm und Tiefen lernte ich Dich kennen,
Du, Herr, mein Heiland, wie ich's nie gedacht.
Da fing mein Herz erst an, für Dich zu brennen.
Ich sah das helle Licht erst in der Nacht.

Ich danke Dir für alle steilen Strecken
des Wegs, da spürt ich Deine starke Hand,
erfuhr's, wie Deine Flügel tragen, decken
und was Du, lieber Herr, an mich gewandt.

Ich gebe nicht die schweren dunklen Stunden
für eine ganze Welt voll Sonnenschein.
In ihnen ward mein Herz an Dich gebunden.
Nun bist mein ein und alles Du allein.

Das ist das größte Wunder Deiner Liebe,
dass sie nicht ruht, eh nicht das Herz ganz Dein.
Wenn nichts auf Erden mir mehr übrig bliebe,
hab ich doch Dich und kann glückselig sein.

Verfasser unbekannt

So bist nur Du

1

Du bist für mich die Lilie unter Dornen,
wie wilder Wein an einer Bruchsteinwand,
wie Wiederfinden von dem lang verlor'nen
und von dem lang gesuchten Löse-Pfand.

2

Du bist mir wie die Sonne unter Monden,
wie Leuchtturm-Feuer am ersehnten Strand.
Du bist Vertrautheit nach dem Ungewohnten,
wie nach dem Riff der weiche warme Sand.

3

Wie unter sauren Beeren eine Traube,
wie frischer Wind nach flimmernd heißem Brand,
wie unter Krähen eine sanfte Taube
bist du, so schlicht und dennoch elegant.

4

Du in den Traurigkeiten helle Freude,
gleich einer Nachtigall am Wegesrand.
wie werktags plötzlich Festglockengeläute,
du unverhoffter Straßenmusikant.

5

Du Perle unter ohnehin so schöner Schale,
du unscheinbarer Stein – mein Diamant.
Du bist der Schatz, für den ich alles zahle,
weil nie zuvor ich Lohnenswert'res fand.

6

Du bist für mich wie ein gehegter Garten
voll reifem Obst, wie unberührtes Land,
wie Sich-Begegnen nach endlosem Warten,
wie das Berührn vom Zielgeraden-Band.

7

Womit kann ich dich treffender vergleichen?
Du bist die Kugelhälfte, die sich fand.
Du bist das Antwort- auf mein Fragezeichen,
geformt von meines Gottes Meisterhand.

»Wie eine Lilie inmitten der Dornen,
so ist meine Freundin inmitten der Töchter.«

Hohelied 2,2

Eine schwarze Henne legt ein weisses Ei

Von Liebesbriefen
in schwarz geränderten Umschlägen

Von drohenden Wolken erhalten wir erfrischende Schauer. In dunklen Bergwerken findet man glänzende Edelsteine: So kommen aus unseren schlimmsten Leiden unsere besten Segnungen.

Der scharfe Frost macht den Boden fruchtbar, und die rauen Winde befestigen die Wurzeln der alten Eichen. Gott sendet uns Briefe der Liebe in schwarz geränderten Umschlägen.

Manchmal habe ich süße Frucht aus Brombeergestrüpp gepflückt und duftende Rosen unter stechenden Dornen hervorgeholt. Die Trübsal ist für gläubige Menschen wie die Feldrose in unseren Hecken; wo sie wächst, ist ein köstlicher Wohlgeruch rundumher, wenn nur der Tau von oben darauffällt.

Seid guten Mutes, Geschwister, alles wird zuletzt gut werden! Die dunkelste Nacht wird sich zu ihrer Zeit in einen schönen Morgen wandeln. Nur lasst uns Gott vertrauen und den Kopf über die Wellen der Furcht halten.

Wenn unser Herz zu Gott recht steht, dann steht alles recht. Lasst uns den Silberstreif am Horizont suchen, und wenn wir ihn nicht sehen, dann lasst uns glauben, dass er doch da ist. Wir sind alle in der Schule, und unser großer Lehrer schreibt manche wichtige Lektion auf die schwarze Tafel der Trübsal.

Schmale Kost lehrt uns, vom Brot aus dem Himmel zu leben; Krankheit heißt uns, nach dem göttlichen Arzt zu senden; Verlust von Freunden macht uns Jesus umso teurer; selbst wenn unser Gemüt niedergedrückt ist, so bringt uns das dahin, uns völlig an Gott zu halten.

»Denen, die Gott lieben, müssen alle Dinge zum Besten dienen!« Der Tod selbst wird ihnen den höchsten Gewinn bringen. So legt die schwarze Henne ein weisses Ei.

C.H. Spurgeon

Ich bat Gott um **Kraft**,
damit ich das Ziel sicher erreiche.
Ich wurde geschwächt,
um zu lernen, demütig zu gehorchen.

Ich bat um **gesundheit**,
damit ich grössere Dinge tun könne.
Ich bekam Gebrechlichkeit,
um bessere Dinge tun zu können.

Ich bat um **Vollmacht**,
damit ich das Lob der menschen erhielte.
Ich bekam Schwachheit,
um das Bedürfnis nach Gott zu spüren.

Ich bekam nicht, worum ich bat,
aber alles, was ich mir erhoffte.
Fast meiner selbst zum Trotz wurden meine
unausgesprochenen gebete erhört.
Von allen Menschen bin ich
der am reichsten Gesegnete.

(Aus dem letzten Brief eines jungen Südstaaten-Soldaten)

Warnhinweis
Am Schluss des Buches

Jesus Christus sagt:

Es gibt etwas Schlimmeres als eine Amputation

Besser du verlierst einen Körperteil,
als dass dein ganzer Körper in die Hölle geworfen wird.

Matthäus 5,30b

und etwas noch viel Tragischeres als den Tod!

Fürchtet euch nicht vor denen, die den Leib töten,
die Seele aber nicht zu töten vermögen;
fürchtet aber vielmehr den, der sowohl Seele
als Leib zu verderben vermag in der Hölle.

Matthäus 10,28